Justin Herald

4 atitude

EDITORA FUNDAMENTO

2011, Editora Fundamento Educacional Ltda.

Editor e edição de texto: Editora Fundamento
Capa e editoração eletrônica: Tricem – Comunicação e Design
CTP e impressão: Avenida Gráfica e Editora Ltda.
Tradução: Pedro Rocha de Oliveira

Produzido originalmente por Allen & Unwin

Dados Internacionais de Catalogação na Publicação (CIP)
(Câmara Brasileira do Livro, SP, Brasil)

Herald, Justin
Atitude 4 / Justin Herald ; [versão brasileira da editora] – 2. ed. – São Paulo, SP : Editora Fundamento Educacional, 2011.

Título original : Prosperity on Purpose.

1. Atitude (Psicologia) 2. Autorrealização 3. Conduta de vida 4. Felicidade 5. Finanças pessoais 6. Prosperidade 7. Riqueza 8. Sucesso I. Título.

10-07983 CDD-158.1

Índice para catálogo sistemático
1. Atitude e prosperidade : Psicologia aplicada 158.1

Fundação Biblioteca Nacional

Depósito legal na Biblioteca Nacional, conforme Decreto n.º 1.825, de dezembro de 1907.

Impresso no Brasil

Telefone: (41) 3015 9700
E-mail: info@editorafundamento.com.br
Site: www.editorafundamento.com.br

Este livro foi impresso em papel chamois bulk 80 g/m² e a capa em cartão triplex speciala 250 g/m².

SUMÁRIO

Introdução

Era uma vez um homem rico. Ele tinha tudo de que poderia precisar. Tinha carros, casa e a admiração dos colegas de trabalho. Possuía absolutamente tudo o que a maioria das pessoas deseja – e muito mais. O problema é que ele queria mais ainda. O homem que parecia ter tudo para viver uma vida completa não deveria ser feliz? Por que ainda se sentia insatisfeito?

Este livro trata das respostas para essas perguntas.

Para realizar o desejo de melhorar nossa posição financeira, precisamos, em primeiro lugar, trabalhar as áreas que farão parte do processo e ter a certeza de optar pelo caminho certo, e não pelo caminho mais fácil.

Sou constantemente convidado para dar palestras em seminários sobre criação de riqueza. Gosto da experiência de falar nesses eventos pelo mundo, não só pela oportunidade de contar como fiz o que fiz, mas também porque posso compartilhar com a plateia alguns dos meus métodos e ideias.

Boa parte dos leitores deste livro talvez queira descobrir o segredo de como ganhar seu primeiro milhão.

Atitude 4 está recheado de princípios que apliquei as minhas ideias, ações e orientação que adotei para, a partir de 1,25 dólar que tinha no banco, conseguir chegar a possuir uma empresa que movimentava milhões. No entanto, você vai perceber, à medida que avançar na leitura, que os aspectos nos quais trabalhei não se resumiam a minhas aspirações financeiras.

Embora estejamos todos em busca de uma chave para uma maior liberdade financeira, logo você vai ver que as razões para ainda não ter chegado lá são muito mais importantes do que compras ou vendas.

No seu todo, o tópico "criação de riqueza" tende a desencadear uma extensa e ampla coleção de palavras. Por minha experiência como frequentador de conferências sobre o assunto, parece-me que muita gente vê a criação de riqueza apenas como um modo de mudar a vida financeira – mas não é bem assim. Para criar riqueza, é preciso começar a se recriar, ou seja, trabalhar as características que impedem você de chegar aonde quer.

Prosperidade não se resume a alcançar o que se deseja, mas compreende também apoiar os outros ao longo do caminho. Com certeza, estamos cercados de pessoas que precisam de apoio – e você se surpreenderia ao saber quantas. Não importa se necessitam de assistência financeira ou de algum outro tipo de auxílio; elas estão aí, e você pode ajudá-las.

Este livro é sobre isso. Tenho a certeza de que os princípios que você está prestes a conhecer, se forem aplicados, vão mudar sua vida.

Frequentemente, sou convidado, como mentor ou coach, a acompanhar a vida pessoal e financeira de clientes. Não faz muito tempo, conversei com um jovem sobre alguns aspectos que vou abordar adiante. Em apenas um ano, ele havia acrescentado 1,3 milhão de dólares a seu lucro líquido. Antes, porém, de se entusiasmar e encomendar seu próximo carro, respire fundo. Aquele rapaz estava pronto para as mudanças que precisava fazer e tinha bons alicerces. Ele pôde aplicar alguns dos princípios que você vai conhecer a esses alicerces e construiu sobre eles. No entanto compreendeu que a razão de ainda não haver experimentado uma vida de prosperidade era o fato de focalizar apenas o que ainda não possuía, quando deveria ter em mente o que desejava realizar para si.

Tenho de reconhecer que foi muito difícil organizar o que você está prestes a ler. Considero a prosperidade um conceito muito simples, cujos princípios eu já adotava, mas colocar isso em palavras é outra história. Cabe a mim, como autor, expressar meus sentimentos, aconselhar e tornar claros esses princípios. Cabe a você, como leitor, tomá-los e aplicá-los do jeito que achar melhor.

Se você já age de acordo com alguns desses princípios, parabéns. Se existem outros que ainda não empregou, tudo o que peço é: aplique-os de forma que você continue sendo a pessoa que deseja ser.

Existem poucas coisas menos úteis do que alterar, de uma hora para outra, a maneira de agir ou operar na esperança de que uma mudança superficial "chame" a prosperidade. Não é assim que acontece. As mudanças precisam fazer, realmente, parte do seu ser.

Como indivíduo, você precisa progredir rumo à liberdade financeira. Adotar os princípios deste livro, adaptando-os à rotina do dia a dia, é meio caminho andado.

À medida que avançar na leitura, você vai ver que o processo de tomada de decisões adotado tem muito a ver com o ponto ao qual vai chegar. Todos nós temos decisões a tomar diariamente. Se você já tomou uma decisão equivocada (e quem não fez isso?), sabe o quanto ela pode atrapalhar seus planos. No entanto decisões certas ou erradas do passado não têm mais importância. No momento, o importante é entender que a prosperidade é acessível a todos. Não há um clube fechado da prosperidade que aceita apenas alguns poucos e seletos membros – todos podemos atuar em um ambiente próspero. Basta fazermos a escolha consciente, decidindo tocar a vida a partir daí.

Às vezes, você pode ter a impressão de que exagero nos detalhes dos relatos, mas asseguro que estou sendo o mais específico possível. Quero que todos os meus leitores vão à luta e atinjam as metas financeiras que determinaram. Mas também quero estar seguro de que os novos níveis alcançados por eles sejam permanentes, e não de curta duração.

Talvez, ao chegar a determinadas partes do livro, você pense: "Isso eu já sei". Bem, o conhecimento é uma coisa maravilhosa. Mas será apenas um processo mental – e nunca uma escolha de vida –, a menos que seja realmente utilizado.

Eu sabia, desde o início, que não administrava bem meus hábitos de consumo - por isso só tinha, aos 25 anos, 1,25 dólar no banco. Sabia também que tinha de mudar tais hábitos se quisesse seguir adiante. Somente depois que apliquei esse conhecimento a minha frustração, as circunstâncias mudaram verdadeiramente. Em outras palavras: tive de querer sair da situação em que estava, antes de dar o passo seguinte em minha vida financeira.

Recentemente, li *The Magic of Metaphor* (2001) - "A mágica da metáfora", em tradução literal - de Nick Owen. Nesse livro, há uma entrevista com um ex-campeão mundial de tênis. Uma das primeiras perguntas que lhe fizeram foi: "Você sempre foi um campeão?"

Achei uma ótima pergunta, porque, às vezes, presumimos que as pessoas de sucesso sempre foram boas em tudo o que tentaram fazer.

O campeão de tênis respondeu que não havia sido sempre um campeão, embora apontado como um atleta promissor quando jovem. Também disse que outros jogadores haviam sido escolhidos antes dele, por jogarem melhor e apresentarem um talento natural. Por isso teve de jogar algumas vezes com as melhores do time feminino, que se mostravam parceiras mais adequadas a ele do que os rapazes naturalmente talentosos.

Então, o entrevistador perguntou:

– E onde estão esses rapazes agora? O que aconteceu com eles?

– Parece que não se mantiveram, embora fossem talentosos. Talento não basta - explicou o grande tenista.

O entrevistador fez, em seguida, a pergunta lógica:

– E o que é preciso?

O grande tenista reuniu o máximo de convicção e entusiasmo possíveis para declarar:

– Você tem de querer com muita força. Esse é o segredo. E existe outro segredo. É preciso disciplina para desenvolver e alimentar o talento. É preciso definir quais são suas prioridades na vida e abrir mão das coisas que podem parecer atraentes, no momento, mas eventualmente representarão empecilhos.

– Então, esse é o segredo? – perguntou o repórter.

– Sim, e há outro ainda mais difícil e trabalhoso do que os outros dois que mencionei somados. – continuou o tenista. – Você precisa ter humildade. Independentemente do quanto seja bom e do que tenha conseguido realizar, você precisa de humildade. Necessita ser suficientemente humilde para receber aconselhamento, ver novas maneiras de abordar as coisas, admitir que não sabe tudo e ouvir seus técnicos. O feedback é o café da manhã dos campeões. Esses são os três segredos do meu sucesso!

E assim terminou a entrevista.

O tenista campeão era Boris Becker, ganhador de um grande número de campeonatos *grand slam* de tênis.

Parece que ouço você perguntar: "Por que contar essa história?" Muito simples, realmente. Existem alguns princípios que você precisa aplicar a sua vida antes de preparar-se para alcançar um nível financeiro mais alto:

- É preciso querer de verdade mudar a direção e a situação atuais. Se você pretende obter riqueza apenas porque "todo mundo está fazendo o mesmo", é mais provável que não consiga. O desejo é a mola mestra que leva ao sucesso nessa área da vida. É preciso querer realmente. Gostar da ideia de estar numa posição melhor e querer essa posição são coisas diferentes, que resultarão em ações distintas.
- Se quer chegar a um lugar onde nunca esteve, você vai ter de empregar altas doses de disciplina, em especial na área de finanças. Não vai ser fácil. Se fosse fácil, todos que, um belo dia, decidissem levar uma vida de prosperidade financeira teriam conseguido, sem problemas. Assim, com realismo, você deve preparar-se para aplicar uma boa dose de disciplina a sua vida.

- Seja humilde no sucesso. Se e quando atingir um nível mais alto de sucesso financeiro, não se esqueça de manter a humildade em suas realizações. Não se julgue acima dos outros, pretendendo relacionar-se apenas com aqueles que "chegaram lá". Aceite críticas, ouça conselhos e auxilie os que ainda estão no meio do caminho. Quando você se julga melhor do que sua realidade, arrisca-se a cair nela.
- Por último, preste atenção ao feedback. Nem todo feedback vem verbalmente ou por meio de outras pessoas. Seus resultados podem representar um feedback. Se as coisas não estiverem correndo do jeito que você deseja, preste atenção.

Tenho certeza de que as páginas seguintes vão ajudar você na sua jornada rumo à prosperidade, seja nas finanças ou em outro setor da vida. Estou certo de que você é capaz de assimilar o que vai ler.

Justin Herald

CAPÍTULO 1

CRIAÇÃO DE RIQUEZA VERSUS PROSPERIDADE FINANCEIRA

NESTE CAPÍTULO

- Ganância
- Egoísmo
- Abundância versus o suficiente

Este capítulo não tem a intenção de enfraquecer seu desejo de obter riqueza. Na verdade, se você assimilar o que ler, vai perceber que estou fazendo exatamente o contrário.

Vivemos num mundo que parece colocar a riqueza como a ambição número um da maioria dos indivíduos. O que pretendo explorar neste capítulo é a ideia de que pode haver um modo de você conseguir o que quer e, ao mesmo tempo, ajudar outras pessoas pelo caminho.

Sou totalmente favorável a que se atinja a melhor posição financeira possível. Acredito, porém, que existem maneiras certas e erradas para isso. Criar riqueza é apenas um passo em direção à prosperidade; eis por que devemos sempre apontar para além do enriquecimento como um fim em si.

Para começar, apenas como ponto de partida, vamos olhar o significado das palavras "riqueza" e "prosperidade".

- **Riqueza:** A definição de *wealth* do *Macquarie Dictionary* inclui termos como fortuna, dinheiro, bens, posse, meios, abundância, fartura, quantidade e luxo. Não há nada de errado com qualquer desses significados. De fato, cobrem parte do que determinei como meta nos últimos dez anos, aproximadamente. O problema de visar somente à riqueza é que ela pode tornar-se uma busca excessivamente individualista, egocêntrica e egoísta. A procura da riqueza pode, por vezes, consumir uma vida inteira, a ponto de transformar-se no único foco de atenção. Tal situação abre caminho para todos os tipos de problemas relativos a ideias, ações e relacionamentos; quando o foco é somente fazer dinheiro, corre-se o risco de negligenciar outras necessidades que nada têm a ver com o aspecto financeiro.
- **Prosperidade:** A definição de *prosperity* do *Macquarie Dictionary* inclui os termos progresso, evolução, ganho, sucesso,

vitória, crescimento e prestígio. Como podem ver, os significados de prosperidade são bem diferentes dos significados de riqueza, em sua essência.

A riqueza é autocentrada, enquanto a prosperidade está ligada à excelência. Alguns leitores talvez digam para si mesmos: "Bem, não vejo tanta disparidade." No entanto, ao continuar a leitura, vão perceber uma enorme diferença.

Prosperidade financeira não se resume a dinheiro ou ao que se pode comprar ou colecionar ao longo do tempo. Prosperidade financeira compreende usar as próprias realizações para ajudar o outro a melhorar de vida. Prosperidade financeira está ligada à mudança de foco – dos próprios desejos e necessidades para os desejos e necessidades alheios.

O dinheiro vem depois da decisão consciente de buscar uma vida de prosperidade. Quando se trata de atingir um nível mais alto de prosperidade, o dinheiro é apenas parte do processo; quando se trata de alcançar um nível mais alto de riqueza, o dinheiro é a única parte do processo.

Vou explicar.

Parece que todos trabalham loucamente buscando acumular uma quantia que, acreditam, possa garantir a felicidade. Embora não exista nada de errado nisso, considero uma atitude limitadora, pois mantém apenas um foco... o dinheiro! No entanto, quando você decide viver uma vida financeiramente próspera, tudo o que faz tem um nível de excelência. Se você, por exemplo, possui um negócio e tem como objetivo a prosperidade, tudo o que realizar será feito com o melhor da sua capacidade, pensando: "Hoje, quero provocar um impacto na vida dos outros por meio da minha empresa." Assim, ao desejar mais do que dinheiro, ele passa a ser apenas parte do processo de construção de uma vida próspera.

Como sei que a ideia pode parecer um tanto confusa, vou apresentar um exemplo real, destacando apenas um dos aspectos da riqueza.

"Bens" é um dos significados de riqueza no dicionário. Tenho de admitir que amo o que tenho. Uma das razões principais para que abrisse meu primeiro negócio foi o desejo de comprar um carro realmente bom, o que me impeliu a um nível mais alto de sucesso, que eu não conhecia. Adoro carros. Para mim, a empresa era um meio para conseguir "bens".

Quero que compreenda quais eram meus verdadeiros sentimentos e ideias acerca de bens (ideias essas que já descrevi em alguns de meus livros). Quem focaliza a criação de riqueza deseja conseguir coisas boas – um bom carro, uma bela casa, joias valiosas ou mesmo férias agradáveis – e eu era, no início, exatamente esse tipo de pessoa. Quem trabalha para alcançar uma vida de prosperidade enfoca essas coisas boas, mas é capaz de perceber também que esses bens não fazem o sucesso.

Veja este exemplo pessoal. A princípio, hesitei um pouco em contar, porque não queria parecer presunçoso, mas a situação demonstra exatamente o que quero dizer.

Em 2004, fui convidado para falar numa conferência na Tailândia. Como a data da conferência coincidia com meu aniversário de casamento, levei minha esposa, Vanessa, comigo (se não fizesse isso, estaria em maus lençóis – os homens sabem do que estou falando). Decidimos dar uma pequena escapada em Cingapura após a conferência, para passar algum tempo juntos. No último dia, ao fazer umas comprinhas, passamos diante de uma joalheria incrível. Gosto de agradar minha mulher, especialmente com joias, e resolvi comprar-lhe um anel para celebrar aquele dia especial. O anel era espetacular, e Vanessa o adorou.

Algum tempo depois, um casal de amigos, Maria e Mark, veio jantar em nossa casa. Notei que Maria não usava os anéis de noivado e casamento e perguntei o que tinha acontecido. Ela os havia tirado na academia de ginástica, enquanto mudava de roupa, e ido para casa, esquecendo-se totalmente deles. Quando sentiu falta dos anéis, voltou à academia, mas, àquela altura, já tinham desaparecido.

Nossos amigos não haviam feito seguro para as joias e não estavam em condições de comprar outras. Então, tinham se resignado a esperar um longo tempo até juntar o dinheiro necessário.

Mais tarde, eu conversava com Vanessa enquanto nos preparávamos para deitar. Comentei que ficaria arrasado se aquilo acontecesse conosco e que me sentiria ainda pior se não pudesse substituir os anéis que significavam tanto. Isso foi tudo o que dissemos a respeito e fomos dormir.

Na manhã seguinte, ao nos prepararmos para sair, perguntei a Vanessa se ela tivera alguma ideia sobre o que havíamos discutido na véspera. Ela me confessou que não conseguia parar de pensar no assunto. Resolvemos olhar os anéis que Vanessa não usava e escolher um para dar a Maria de presente, mas sentimos que alguma coisa não estava certa. Finalmente, eu disse que não achava justo oferecermos à amiga algo que parecesse uma "sobra", alguma coisa que não quiséssemos mais. Respirei profundamente e dei minha opinião: poderíamos oferecer o anel que eu havia comprado para Vanessa em nosso aniversário de casamento. Devo admitir que esperava algo como um grande "de jeito nenhum", mas Vanessa me olhou e disse:

– Era exatamente o que eu estava pensando.

Naquela noite, convidamos Maria e Mark a passarem lá em casa, para uma conversa. Assim que nos acomodamos, entregamos a eles o anel na embalagem original.

Precisava ver a cara deles. Sabiam de onde vinha o anel e por que havia sido comprado. Sabiam de sua importância para mim e para Vanessa.

Tentaram dizer que não podiam aceitar, mas nós insistimos. Foi uma emoção e tanto.

Por que contei essa história? Bem, alguns indivíduos estão de tal maneira focados em conseguir o que querem que deixam passar oportunidades de ajudar outras pessoas, atitude que acredito ser uma obrigação moral de todos. Claro que aquele anel significava muito para nós, mas tínhamos condições de ajudar. Naquele dia, Vanessa e eu experimentamos uma alegria muito maior do que no momento da compra do anel. Financeiramente, como posse, a joia realmente não representava muito valor para mim; o importante eram os sentimentos e a emoção agregados a ela.

Vanessa e eu nos amamos, e nosso casamento se mantém sólido. O anel apenas simbolizava esse fato. Naquele momento, fomos capazes de abençoar outras pessoas com nossa felicidade, oferecendo algo que não poderiam ter de outra maneira.

Preciso enfatizar, aqui, um ponto muito importante. Não quero dizer, de forma alguma, que você deva se desfazer do seu bem mais valioso. Não se trata do valor monetário do que se faz para ajudar os outros; o que importa é a intenção. Então, não compreenda mal o que tento demonstrar. Ajudar alguém tem a ver com uma decisão do coração, não com uma decisão do bolso. Isso é prosperidade!

Disse e repito: prosperidade financeira não é apenas uma questão de dinheiro. Dinheiro é uma coisa maravilhosa, mas não é o meu único foco.

Criar riqueza é estabelecer uma meta com um resultado em mente. Quando seu alvo exclusivo é ganhar mais, você só enxerga sinais de dinheiro e todas as decisões tomadas giram em torno de ganhos financeiros.

Se eu visasse única e exclusivamente à criação de riqueza, não teria, de forma alguma, doado aquele anel, porque o veria como algo caro, que levei muito tempo para poder comprar. Algo cujo valor, para mim, estaria ligado apenas à importância paga por ele.

Prosperidade financeira é uma escolha de estilo de vida. A criação de riqueza satisfaz o desejo de fazer dinheiro e conquistar mais bens materiais para si. A prosperidade vê o dinheiro como uma fonte e uma ferramenta para atender também às necessidades alheias, e não somente às próprias.

A criação de riqueza é absolutamente unidimensional. Tudo está ligado ao indivíduo. Claro que, provavelmente, ele estará tentando ganhar dinheiro também para a família, mas de forma muito autocentrada. No entanto, quando você vive a vida com base na perspectiva da prosperidade, está constantemente à procura de meios para auxiliar os outros. Sua vida se torna muito maior do que você. Seu foco se dirige tanto para as situações e circunstâncias alheias quanto para as suas.

Não quero com isso dizer que você deva trabalhar unicamente para atender às necessidades dos outros. Corra atrás do que deseja, mas não se concentre apenas nos seus desejos – preste atenção às possibilidades de afetar, de maneira positiva, a vida de alguém.

Vamos fazer uma analogia. Imagine a criação de riqueza como um balde sob uma torneira. Enchê-lo é opção sua. No entanto, depois de cheio, a água excedente apenas cai pelos lados do balde e é desperdiçada.

Agora, imagine a prosperidade como um balde, só que dentro de um riacho. Mais uma vez, você pode enchê-lo até onde quiser. Dessa vez, porém, depois de cheio, o excesso de água será levado rio abaixo e poderá ser usado para outros fins – para desenvolver outras coisas.

A analogia pode parecer um tanto estranha, mas você precisa entender que sua prosperidade financeira está aí para ajudar o próximo.

Nem por um minuto quero sugerir que você distribua todo o seu dinheiro e passe a viver na pobreza. O que pretendo dizer é: mantenha o foco nas metas que pretende atingir, mas não ignore as necessidades alheias nem perca a oportunidade de fazer uma diferença positiva na vida de alguém.

É muito comum as pessoas pensarem que, ao enriquecerem, terão uma vida perfeita. A realidade está longe disso. Quando eu terminar de contar o caso de duas pessoas que se encontravam em extremidades opostas no caminho para o enriquecimento, você vai ver que, por vezes, a riqueza não é aquilo que se espera.

Eu e alguns amigos gostamos de jogar golfe uma vez por semana, embora minha agenda de palestras, às vezes, dificulte nossos encontros.

Há cerca de um ano, estávamos prontos para começar, quando um funcionário do clube veio perguntar se nos importaríamos que um jogador de fora, um estrangeiro, se juntasse ao grupo. Jeff se apresentou, e seguimos em frente. Depois de alguns buracos em excelente ritmo do jogo, acompanhado de um bate-papo descontraído, acabamos atrás de alguns jogadores mais lentos, e tivemos de esperar um pouco a nossa vez.

Nesse momento, Jeff me disse:

– Eu o conheço de algum lugar. Já nos encontramos antes?

Como não me lembrava de tê-lo visto, respondi que não. Ele, então, quis saber se eu não havia aparecido na televisão ultimamente, o que realmente tinha ocorrido. Nesse momento, conseguiu ligar o nome à pessoa: ele me vira em um programa de atualidades, transmitido pela televisão para fora do país.

Sem razão alguma, ele disse de repente:

– Também sou bastante rico. Valho 300 milhões de dólares.

Não sei quanto a você, mas esse não é o tipo de observação que eu esperasse.

– Pode provar? – perguntei.

Jeff pareceu um tanto chocado.

– Nunca ninguém me pediu isso antes – ele disse.

– E ninguém jamais me disse que valia 300 milhões de dólares – respondi.

Nada mais foi comentado sobre a riqueza de Jeff enquanto jogávamos.

Terminado o jogo, Jeff nos convidou para sua "pequena" casa de férias, não muito longe dali. Ao chegarmos, ficamos atônitos. Sua "pequena casa de férias" era uma propriedade de 25 hectares. Ele nos mostrou a casa e convidou para um drinque, aproveitando para apresentar sua noiva. Enquanto nos acomodávamos, perguntei a Jeff se ele poderia confirmar o que me havia dito sobre sua fortuna. Ele pareceu meio aborrecido, mas foi ao escritório e voltou com um extrato bancário. Virei-me para ele e disse:

– Você mentiu.

Jeff me olhou perplexo.

– Você disse que valia 300 milhões de dólares, mas vale apenas 298 – concluí.

Todos demos boas gargalhadas e aproveitamos o resto da tarde.

Jeff e eu nos entendemos muito bem naquele dia e nos encontramos algumas vezes nos três meses seguintes. Então, Vanessa e eu fomos convidados para sua festa de aniversário, na mansão que possuía na cidade.

Não sou do tipo que gosta de aparecer ou de sair com uma turma de ricaços só por essa razão, mas fomos. A festa estava repleta de gente famosa. No decorrer da noite, Jeff se aproximou e me contou que acabara de romper o noivado, já que havia conhecido outra pessoa na festa. É isso mesmo, foi rápido assim. Vanessa e eu ainda ficamos um pouco, mas realmente não estávamos à vontade e voltamos para casa.

Três semanas depois, Jeff me telefonou para dizer que estava noivo da mulher que havia conhecido na festa. Para comemorar, tinha comprado um anel de noivado e presentes caríssimos. A felicidade parecia completa.

Quatro semanas depois, Jeff me ligou para contar que estava tudo acabado. Ele tentava reaver os presentes caros e o anel, mas tudo indicava que não iria conseguir. Sua vida emocional parecia descer em espiral – e depressa. Para "sentir-se melhor", havia comprado outra casa e começado um novo relacionamento.

Os altos e baixos da montanha-russa de Jeff, combinados a seu hábito irritante de sempre pedir meus conselhos e nunca segui-los, levaram-me finalmente a encerrar nossa relação.

Soube recentemente que se casou, mas divorciou-se poucos meses depois. Em minha opinião, o problema era o fato de tudo girar em torno de sua própria satisfação. Jeff não compartilhava nada do que possuía. Poderia ter descoberto que o segredo da felicidade está em dar, em vez de sempre querer mais. Embora possuísse bens com que a maioria das pessoas apenas ousaria sonhar, ele ainda buscava mais para preencher o vazio.

Agora, vou falar de Diane, uma bem-sucedida advogada que um dia decidiu que a vida era mais importante do que ela. Diane, sem dúvida, apresentava os sinais característicos de riqueza - uma de suas metas –, mas faltava alguma coisa. Não se sentia realizada.

Um dia, Diane deixou o trabalho e vendeu tudo o que tinha. Mudou-se para a África, onde fundou um orfanato. Atendia assim a um anseio de dar mais de si e sentir-se uma pessoa de mais valor. Fez tudo sozinha. Não havia garantia de retorno financeiro. Simplesmente dedicou-se ao trabalho árduo que se faz necessário quando se quer auxiliar os mais necessitados.

Hoje, Diane dirige um dos maiores orfanatos na África. Alimenta mais de 20 mil crianças por semana. Aposto que isso não estava no topo de sua lista de preferências, quando deixou a faculdade. Mas percebeu que precisava fazer o que tinha que ser feito - e está feliz.

Esses são dois exemplos extremos. Não estou, nem por um instante, sugerindo que as pessoas bem-sucedidas precisam vender tudo e mudar-se para a África. Acredito apenas que uma dessas pessoas encontrou a verdadeira felicidade. Diane viu no sucesso mais do que uma quantia em dólares. Percebeu que desejava viver uma vida de prosperidade com propósito. Jeff está, total e unicamente, confiando no dinheiro para alcançar a felicidade. Creio que, em geral, é preciso atuar entre esses dois extremos.

Nos dias que correm, é comum vermos gente que parece querer sempre mais e depressa, guardando tudo para si. No momento em que percebemos a oportunidade de ajudar o próximo com o que temos, passamos a viver e atuar em um campo totalmente diferente. Nas sociedades ocidentais, as pessoas se tornaram extremamente apegadas ao que possuem. Cuidamos de nós e, tendo conseguido o que queríamos, esquecemos os outros.

Não me veja, porém, como alguém que subiu em um caixote e se pôs a pregar. Eu também era assim, antes de me dar conta.

GANÂNCIA

Vou falar rapidamente da ganância. Não pense que pretendo martelar sua cabeça – não é essa a intenção. A ganância é somente uma das várias áreas que desejo enfatizar para ajudar você a atuar numa plataforma melhor quando estiver com problemas, de forma que consiga realizar seus desejos.

A ganância é um conceito horrível de se cogitar. Para falar a verdade, não é fácil escrever este capítulo. Primeiro, pensei em suavizar o que queria dizer, mas afinal percebi que precisava transmitir exatamente minhas ideias.

Já fui uma pessoa gananciosa. Como passei anos de dificuldade financeira, assim que comecei a ganhar dinheiro, decidi guardar tudo para o caso de acontecer um revés e eu ter de recomeçar. Finalmente, compreendi que meus resultados e realizações eram a medida de meu sucesso, e o dinheiro, apenas um subproduto. No dia em que afastei os olhos do dinheiro e voltei o foco para as metas que havia estabelecido, tudo começou a entrar no lugar.

A ganância é uma coisa terrível. Lao Tzu disse: "Não há calamidade maior do que o desejo excessivo. Não há culpa maior do que a insatisfação. E não há desastre maior do que a ganância." Quanta verdade!

A ganância limita. O ganancioso impede as próprias realizações, que seriam possíveis caso vivesse na prosperidade.

Vamos raciocinar: se tudo o que você faz é guardar para si seus talentos, seu dinheiro e seu potencial (só para citar alguns aspectos), de forma que ninguém mais possa se beneficiar deles, limita suas maiores realizações. Sua verdadeira capacidade jamais será conhecida por causa de sua decisão de se guardar.

O verdadeiro sucesso requer dois fatores: dar e receber. Não se pode receber, receber e receber o tempo todo, sem dar alguma coisa em troca. Sem querer parecer simplista, veja o exemplo a seguir.

Imagine que você decida comprar um carro novo. Depois de pesquisar, decide-se por um determinado modelo e até escolhe a cor preferida. Chegando à concessionária, encontra exatamente o que procurava. Você entra no carro com o vendedor e deixa claro que quer aquele e pretende levá-lo no mesmo dia. Será que vão lhe permitir levar o carro do pátio da revendedora sem pagar por ele?

Não! O negociante espera que você pague pelo privilégio de possuir aquele carro. Esse mesmo princípio deve ser aplicado a sua jornada rumo a uma vida de prosperidade financeira. Não quero dizer que cada passo em direção ao sucesso vá lhe custar um pagamento em dinheiro, mas existe um preço a pagar se você quiser progredir na vida.

A ganância afasta as potenciais oportunidades. Quando atua em uma atmosfera de ganância, você foca apenas o que possui e não quer perder. Com isso, deixa de olhar à volta em busca de oportunidades; pensa exclusivamente no que pode perder, em lugar de visar ao que pode ganhar.

Talvez você pense assim: "Espere aí, Justin, você não está pegando pesado?" Bem, eu não acho. Acredito que muita gente não dá a devida atenção à criação de riqueza. Essas pessoas não tentam ver se é possível fazer as coisas de maneira melhor ou se é possível adotar uma perspectiva diferente. Buscam apenas resultados imediatos.

A ganância pode, de um só golpe, interromper seu progresso rumo ao que você deseja.

Os gananciosos são totalmente egoístas. Preocupam-se somente com o resultado dos negócios ou com o prejuízo que podem ter se agirem de maneira diferente. Assim, surge um problema: suas realizações ficam limitadas pelo medo de perder o que já têm. Talvez você discorde do que digo, mas repare que indivíduos gananciosos nunca crescem além do que a ganância lhes permite.

Pense um pouco sobre isso. Seu sucesso, que inclui a sua posição financeira, não depende apenas de você. Com certeza, você vai ter contato com pessoas que exercerão um papel importante em seus bons resultados. O ganancioso se fecha para as pessoas que lhe poderiam ser úteis, por medo de ter de pagar pela ajuda.

Meu sucesso não veio só porque eu sabia o que estava fazendo. Foi também o resultado da colaboração de uma porção de pessoas que me ajudaram a conseguir uma posição melhor. Com você, pode acontecer exatamente a mesma coisa. Com certeza, a sua volta, você tem parentes, amigos, ou mesmo estranhos, que podem lhe prestar ajuda. Então, por que não fazer o mesmo ao atingir o nível desejado, ajudando a quem precisa? Não agir assim seria egoísmo, não acha?

EGOÍSMO

O egoísmo é outro problema que talvez tenhamos de encarar. O egoísmo é um pouco diferente da ganância, mas faz parte da mesma desventurada família.

Vamos ver. Ganância diz respeito à posse, incluindo-se aí as informações guardadas e que poderiam ajudar outras pessoas; egoísmo tem a ver com não se doar. Ganância é ação, enquanto egoísmo é atitude. Mais uma vez, se for egoísta, você vai limitar o que pode vir a ser.

O problema com os egoístas é que comparam seus bens com o que as outras pessoas têm, o que os leva a se concentrar no que não têm, tornando-se ainda mais autocentrados e egoístas. É um círculo vicioso destrutivo.

Vamos parar de nos comparar aos outros. Afinal, quem disse que seríamos felizes vivendo a vida deles?

Somente quando você decidir ser feliz onde está, será capaz de seguir adiante de maneira satisfatória. O indivíduo insatisfeito com a própria condição financeira, operando a partir de uma plataforma de egoísmo, torna-se reativo em vez de proativo. Cada decisão sua é uma reação a uma situação. E o círculo vicioso de que falei acaba levando a decisões equivocadas, uma atrás da outra.

ABUNDÂNCIA VERSUS O SUFICIENTE

Em minha opinião, um nível mais alto de prosperidade depende de atitude. Claro que habilidade, oportunidade, planejamento e foco também são necessários, mas, se você não tiver uma atitude firme em relação ao que pretende realizar, pode acabar apenas perdendo tempo.

Para alcançar um nível mais alto de prosperidade, é preciso uma atitude de "abundância". Com isso, quero dizer: compreenda que suas finanças precisam fazer mais do que apenas prover as suas necessidades – essa atitude é adotada por um grande número de pessoas.

Recentemente, em conversa com um companheiro de viagem de avião, ouvi dele a seguinte "pérola": "Realmente, não quero ser rico, preciso apenas do suficiente para viver." Acho isso muito triste.

Primeiro, ele limitou seus possíveis rendimentos ao que, naquele momento, julgava suficiente para fazê-lo feliz. Assim, tudo o que vai alcançar é o que visualiza agora, a menos que mude de atitude em relação ao que deseja.

Segundo, ele não percebeu que poderia ajudar pessoas necessitadas a sua volta, se não fosse tão egoísta.

Estabeleça metas maiores do que você e do que suas necessidades. Se você é como aquele homem com quem conversei no avião, passe a querer mais.

Agora, quero tocar em um último e importantíssimo assunto. É preciso empenho em seus esforços para alcançar um nível mais alto de prosperidade. Há que se ter bom senso no uso do dinheiro, nos investimentos e nas decisões financeiras. Não se conforme com sua posição financeira atual, acreditando ser impossível atingir as alturas com que você sonhou um dia. Lembre que prosperidade é mais do que apenas ganhar dinheiro – é fazer o dinheiro trabalhar para você, em vez de você trabalhar para ele. Talvez você me considere detalhista, ao estabelecer a diferença entre criação de riqueza e prosperidade financeira, mas, à medida que for lendo, vai concordar que as duas noções estão a quilômetros uma da outra.

Capítulo 2

O PASSADO NÃO DEFINE OBRIGATORIAMENTE O FUTURO

NESTE CAPÍTULO

- Mentalidade pobre

Em um livro que trata de "como alcançar um nível mais alto de prosperidade", não posso deixar de apontar os motivos pelos quais algumas pessoas jamais conseguem isso. Acredito que seja porque não trabalharam certas questões relativas ao aspecto financeiro de situações vividas. Claro que é muito bom querer progredir financeiramente. Mas, se você não souber por que chegou ao ponto onde se encontra agora, corre o risco de enfrentar os mesmos problemas repetidamente.

Talvez a sua dificuldade diante da ideia de alcançar uma posição financeira melhor esteja na educação que recebeu. Quem sabe nunca destacaram para você o fato de que é possível conseguir o que se quer? Pode ser que seu salário contadinho não lhe permita enxergar a possibilidade de melhoria. Pode ser que a gorda conta do cartão de crédito não deixe você pensar em outra coisa.

Qualquer que seja sua situação atual, ela não passa disto: sua situação atual. E só. Você precisa olhar além ou vai estar se concentrando nos problemas, e não na busca das soluções. Entenda que algumas pessoas (e talvez você se inclua entre elas) precisam permitir-se avançar na vida financeira. Você não tem de passar o resto da vida lutando.

Quero mostrar que você merece mais e precisa ambicionar mais.

No atual estágio, pode ser que seu foco seja a recuperação. Essa é uma atitude natural, e também já passei por isso. Na minha opinião, porém, você deve desejar mais do que apenas satisfazer suas necessidades. No entanto, antes de qualquer coisa, é preciso trabalhar certas questões – as financeiras em especial.

Muita gente nem tenta melhorar a posição pessoal ou financeira simplesmente porque analisa a própria história e acredita ser impossível alcançar uma situação mais favorável do que a do passado. Eis aí um modo equivocado de pensar, e este capítulo se propõe a mudar tal raciocínio. O passado não precisa afetar você para sempre nem influir sobre a sua condição futura. Quero apontar as várias razões pelas quais as pessoas chegam a uma posição financeira negativa e como podem se recuperar.

Ao observar indivíduos bem-sucedidos financeiramente, já aconteceu de você se pegar pensando: "Ah, foi sorte" ou "Se eu tivesse o que ele teve, eu também conseguiria"?

Se a sua resposta for "sim", não se recrimine, pois tenho certeza de que muita gente já pensou a mesma coisa. É verdade que algumas pessoas nascem ricas e que outras recebem um golpe de sorte. Mas você já investigou as razões pelas quais não chegou à posição financeira que deseja?

Provavelmente, existem muitas outras explicações (e desculpas) cabíveis em um capítulo, mas vou apontar apenas algumas, para ajudar você a entender por que não alcançou a liberdade financeira ou por que nem sempre atinge os objetivos.

MENTALIDADE POBRE

O que quero dizer com "mentalidade pobre"?

Talvez você tenha por perto aquela espécie de pessoa cuja perspectiva – não somente pelo ponto de vista financeiro, mas também pelo individual – revela ter chegado à conclusão de que jamais se realizará na vida. E faz questão de que todos saibam disso. Essa gente foi acostumada a tal rotina e, embora ressentida, parece resignada ao fato de que continuará assim para todo o sempre. O tipo é bem conhecido: se depois de uma longa e penosa economia, você finalmente consegue comprar um bem muito desejado, ele não participa de sua alegria e ainda faz você se sentir mal com o próprio sucesso.

Uma das principais razões para algumas pessoas se prenderem a um ciclo de pensamento de pobreza é o fato de se convencerem da obrigação de aceitar seu atual estilo de vida até a morte – perpetuando, portanto, a situação (voltarei ao assunto adiante; estou dando apenas um leve toque). Elas, na verdade, acreditam não merecer coisa melhor do que a ideia de pobreza e o estilo de vida com que convivem há anos. Hoje é o dia de interromper esse ciclo. O único meio de abandonar um modo pobre de pensar é, primeiro, reconhecê-lo. E não pense que me refiro apenas à pobreza financeira; falo também da mentalidade pobre que alguns indivíduos possuem, em matéria de relacionamentos, de desejos e talvez até de perspectiva de vida. Muita gente não acredita ser possível alcançar uma vida melhor, unicamente porque tem de si uma imagem que está longe de ser positiva.

Um dos fatores que mais favorecem a mentalidade de pobreza é o foco no que não se tem, em lugar de focar o que se tem. Quando você se concentra no que não alcançou ou no que não possui, coloca-se no caminho do desapontamento, do rancor e da negatividade em relação a tudo o que acontece. No mundo, existem pouquíssimos indivíduos que realmente possuem tudo o que desejam. Digo isso para enfatizar que todos desejamos algo que não temos. Todos queremos a realização, seja sob a forma de melhor situação financeira, de uma casa maior ou de uma influência mais forte sobre aqueles com quem temos contato. Em resumo: ser melhores do que somos.

Então, por que algumas pessoas se sentem motivadas a fazer novas conquistas, enquanto outras desanimam?

Acredito que a resposta esteja na atitude e na mentalidade. É a história do copo "meio cheio/meio vazio". Alguns se sentem capazes de completar a parte vazia do copo meio cheio. Sabem que cabe a eles decidir acrescentar algo à vida. Outros veem que o copo está meio vazio, pensam que não é justo e esperam que apareça alguém para enchê-lo. Essas pessoas só vão aprender depois que se convencerem de que tal raciocínio é caminho certo para a frustração, pois direcionam a atenção para o que não possuem. Elas nunca param para pensar em como aumentar e melhorar o que têm.

Se ao menos interrompêssemos nossas tarefas para passar em revista o que possuímos... (não me refiro apenas a bens materiais, mas também a potencial, a personalidade e a todos os atributos que constituem o que somos). Temos ar nos pulmões, roupas sobre o corpo, amigos e um enorme potencial à espera de ser aproveitado e nos elevar às alturas. Todos os leitores deste livro poderiam contar um milhão de histórias e apresentar um milhão de desculpas e explicações para o fato de não estarem em situação melhor. Agora, veja o meu caso: aos 25 anos, não havia completado os estudos, tinha passado por dezenas de empregos, e meu saldo no banco era de 1,25 dólar. Mas fui capaz de concentrar o foco no que possuía – e não no que me faltava – construindo meu sucesso a partir daí.

A mentalidade pobre não se restringe à situação financeira, pois ela permeia toda a vida. Não permita que sua história ou as coisas que lhe disseram no passado determinem o ponto aonde você vai chegar. A mentalidade pobre não é nem um pouco generosa. Na verdade, é bem egoísta. Quanto mais o indivíduo se apega à própria insegurança, a antigas ideias e a motivos interesseiros, mais pensa no que não possui, em vez de esforçar-se para mudar a situação. Assim, concentrando-se egoisticamente no próprio potencial (ou na falta dele, em sua opinião), ele se fecha a qualquer possibilidade de realização.

Conforme vou demonstrar inúmeras vezes, quanto mais você compreende a necessidade de assumir uma mentalidade próspera, mais as circunstâncias mudam para melhor.

A chave é a sua atitude em relação ao dinheiro. Sei que é fácil preocupar-se com as razões pelas quais você não possui tanto dinheiro quanto desejaria, mas pare e avalie sua real atitude diante dele – eu disse real. As pessoas, em sua maioria, pensam somente em ganhar mais dinheiro, como uma garantia maior de felicidade. Nada mais falso. Quando a atitude em relação ao dinheiro é negativa ou equivocada, ela sempre comanda a situação, por melhor que seja a condição financeira.

Como já contei em meus livros anteriores, eu não tinha dinheiro quando inaugurei minha primeira empresa, a Attitude Inc.®. Nunca culpei ninguém pela minha situação; o fato é que não havia percebido ainda o verdadeiro valor do dinheiro. Muita gente pensaria que, se eu melhorasse de condição financeira, estaria a caminho do sucesso. Pois bem, eu não concordo. Ainda que ganhasse milhões de dólares e tivesse uma gorda conta bancária, simplesmente desperdiçaria os ganhos, caso não entendesse a razão dos bons resultados. Precisei modificar minha atitude em relação ao dinheiro, até então do tipo "vem fácil, vai fácil", e aprender meios de utilizá-lo para chegar aonde queria. Quanto mais prontamente você fizer isso, mais rápidos serão os progressos no sentido de substituir uma mentalidade pobre por uma mentalidade próspera.

Tive de chegar ao ponto de não aceitar a situação financeira em que me encontrava. Claro que eu poderia ter achado alguém para acusar, mas o importante é assumir a responsabilidade pela própria condição. Se você está atualmente na situação em que eu estava, assuma. É muito fácil sentir-se responsável pelas coisas boas que acontecem; difícil é descobrir as razões do insucesso – em especial o financeiro.

Você já se perguntou por quê? Já tentou descobrir as razões de sua atual atitude em relação ao dinheiro?

Por que você sempre repete os mesmos erros?

Por que não consegue economizar?

Por que considera que as pessoas em situação melhor do que a sua tiveram sorte?

Essas questões e muitas outras precisam ser trabalhadas. Como seres humanos, somos criaturas complexas, resultado de ideias e acontecimentos passados que levaram ao que somos hoje, aqui e agora. Para modificar sua atual situação, você tem de – e vou repetir – você tem de trabalhar ideias e acontecimentos do passado, se quiser ter alguma chance de percorrer um caminho diferente e melhor.

Não pense que, como num passe de mágica, você vai acordar de manhã com uma nova perspectiva de vida. Mudanças exigem trabalho, em especial na área financeira.

Outro fator que o impede de alcançar um alto nível financeiro e de viver uma vida próspera é o "comportamento adquirido". Quando somos crianças, nossos pais e as pessoas que cuidam de nós nos transmitem crenças e métodos que transformamos em ações.

Se sua família não tinha dinheiro quando você era criança, isso não quer dizer que deva sofrer esse destino pelo resto da vida – ou transmitir tal sina a seus filhos.

Não pense que estou criticando a educação que você recebeu. Aprendemos muitas coisas boas com nossos pais. O que pretendo apontar é: somos o que somos, pensamos como pensamos, por causa do ambiente em que crescemos – quando aprendemos sobre a vida.

Meu pai era pastor, o que significava pouco dinheiro na minha infância. Na época, eu não tinha consciência disso, mas hoje, ao olhar para trás, posso dizer com honestidade que pertencíamos ao lado pobre da família. Embora as coisas fossem como fossem, meus pais nunca nos impuseram a ideia de que teríamos de conviver com aquela situação pelo resto da vida. Eles transmitiram aos filhos uma atitude de excelência e realização. As poucas posses de meu pai e minha mãe não me obrigavam ao mesmo destino.

Não sei quanto a você, mas eu me lembro de pensar, quando criança, que não queria viver uma situação financeira apertada depois de crescer. Devo admitir que, até os 25 anos, minhas decisões financeiras provavelmente não foram das melhores, mas sempre afirmei que meus filhos não passariam necessidade. Não que meus pais tivessem falhado nesse ponto – nunca nos faltou coisa alguma –, mas eu queria mais, uma situação melhor para meus filhos. Eu estava determinado a não deixar que meu passado se perpetuasse em meu futuro e no futuro deles.

Hoje, meu irmão e eu nos destacamos na área de negócios, enquanto minha irmã é reconhecida na área da educação. Foi na escola que aprendemos isso? Bem, não exatamente. Como eu já disse, em casa nos ensinaram que poderíamos alcançar tudo o que quiséssemos, mas nada aprendemos sobre administração ou didática. No entanto lembro bem que meus pais nunca deixaram que soubéssemos o quanto íamos mal financeiramente. E isso realmente exerceu um papel importante em nosso sucesso.

Nosso comportamento adquirido foi uma experiência positiva.

Agora, pense no comportamento adquirido negativo. Não me admira que algumas pessoas nunca superem as dificuldades financeiras, quando tudo o que aprenderam com os pais foi a sobreviver entre um e outro contracheque. Se foi assim que lhe aconteceu, e você compreende o que quero dizer, é tarefa sua interromper o padrão.

Enquanto escrevia este capítulo, recebi um telefonema de Mike, um jovem que vinha sofrendo as consequências diretas de um comportamento negativo adquirido.

Ele havia inaugurado uma empresa cerca de dezoito meses antes e, financeiramente, sua situação era semelhante à de um cachorro correndo atrás do próprio rabo. Tendo tomado uma série de decisões equivocadas, Mike via suas finanças escorrerem pelo ralo – e rápido. Na época, ele tinha feito o que achara certo, mas, na verdade, estava reagindo a seus apuros financeiros com soluções de curto prazo que, em última análise, começavam a produzir um efeito sobre sua situação em longo prazo.

Após fazer-lhe várias perguntas, cheguei a uma conclusão: seus resultados (ou a falta deles) eram consequência direta de um comportamento adquirido. Seus pais não tinham a menor ideia do que vem a ser liberdade em matéria de dinheiro; só faziam escapar de um dilema financeiro para cair em outro. Mike havia aprendido com eles a reagir, em vez de responder às decisões que devia tomar.

Depois que ele me falou dos problemas que havia enfrentado nos doze meses anteriores, eu lhe fiz uma pergunta:

– Você acha que o seu passado, os princípios que lhe foram ensinados vão levar você, sua mulher e seus filhos ao lugar aonde deseja chegar no futuro?

Depois do que me pareceu uma eternidade, Mike rompeu o silêncio do outro lado da linha e respondeu:

– Tem razão. Preciso trabalhar isso imediatamente ou vou acabar igual a meus pais.

Ele compreendeu que a única maneira de progredir seria trabalhar e desfazer o tipo de pensamento que, sem que sequer se desse conta disso, havia adquirido na infância.

Mike experimentou algumas técnicas que lhe foram de grande utilidade para livrar-se da confusão financeira em que tinha se metido. Quando discutíamos os métodos a serem empregados, ele, de vez em quando, saía-se com um "você não pode fazer isso" ou "não vai dar certo". Quando perguntei por que falava assim, ele respondeu que aqueles métodos nunca funcionaram com seus pais. Embora, racionalmente falando, ele soubesse que não queria acabar como seus pais, ainda tinha um longo caminho a percorrer até livrar-se de suas reações emocionais automáticas. Mike compreendeu que sua situação financeira era resultado de atuar a partir do que tinha aprendido, do que tinha vivido quando criança, e por isso precisava trabalhar seriamente aquelas áreas.

Em www.rediff.com, encontram-se algumas sugestões práticas para superar adversidades financeiras. Descobri esse site quando procurava meios de ajudar Mike a solucionar seus problemas. A lista foi de grande ajuda para ele e sei que vai ser boa para você também, caso esteja enfrentando problemas financeiros. Tomei a liberdade de acrescentar comentários meus, como fiz com Mike, depois de cada uma das sete sugestões apresentadas a seguir.

RECONHEÇA O PROBLEMA E DÊ NOME A ELE

Se tiver problemas com as finanças, sua primeira providência é reconhecer que os problemas existem. O que você não pode é fazer como Mike: esperar que desapareçam ou se resolvam por si.

Você tem de enfrentar o problema – encará-lo antes de tentar corrigir.

Muita gente adota o método de "varrer a sujeira para baixo do tapete". A questão é que, um dia, acaba o espaço, e o problema começa a saltar pelos lados, o que só faz piorar as coisas: além do problema atual, é preciso buscar soluções para os anteriores, que se acumularam.

No momento em que você reconhece seus problemas financeiros e começa a trabalhar as áreas até então negligenciadas, garante progressos no sentido de criar um ambiente melhor para atuar.

VEJA SEU PROBLEMA COMO UM PROJETO

Muita gente se vê constantemente às voltas com as mesmas dificuldades. Essas pessoas não percebem que a razão de estarem em tal situação deve-se ao fato de considerarem seus problemas fatos isolados, e não uma sucessão de eventos. Quanto mais longo o período em que o problema estiver instalado, mais tempo você demora para modificar seu modo de atuação.

Alguns indivíduos nem tentam solucionar seus problemas financeiros por considerarem a situação difícil demais. "O que não tem remédio remediado está", pensam.

Que pena! É aquela mesma história do copo meio cheio/meio vazio, de que falei antes.

Quando você reconhece que existe uma área carente de atenção, tem a oportunidade de melhorar uma parte de sua vida – o que pode representar um caminho estimulante e compensador. Você talvez goste... Quem sabe?

Claro que vai ser um desafio. Mas existe desafio pior do que manter a situação atual? Pense seriamente. Você pode continuar em apuros financeiros e acabar em uma situação que nunca desejou, ou pode trabalhar duro para sair deles, e aproveitar a vida como nem imaginou que fosse possível. Experimente ultrapassar os limites dentro dos quais vem operando. Eu sei qual foi o caminho que escolhi e posso garantir que vale a pena enfrentar o desafio.

Não se considere um caso perdido. Sua situação atual não é o fim. A questão é: você quer ou não sair do buraco?

IDENTIFIQUE OS MOTIVOS DA CRISE

Um dos principais fatores que levam ao verdadeiro círculo vicioso financeiro em que algumas pessoas se envolvem é a não identificação das verdadeiras causas da crise. Elas desenvolvem apenas um trabalho de superfície, sem pesquisar profundamente as raízes do problema.

Posso garantir que nunca existe uma causa única; serão duas, no mínimo, e mais provavelmente uma combinação de várias. Na pior das hipóteses, as questões deixadas de lado vão explodir ao mesmo tempo.

Depois que expliquei isso pelo telefone, Mike começou a entender os problemas pelos quais passava. Ele jamais havia pensado no "como" e no "por quê". Só se preocupava com o "quando". As pessoas, em sua maioria, nunca investigam como caíram em uma confusão financeira. Parece que querem saber apenas quando vão sair dela.

Recentemente, após um período de pesadas chuvas, surgiram dezenas de buracos nas ruas próximas a minha casa. Cerca de três semanas mais tarde, o conselho local enviou turmas de trabalhadores para fazer os consertos. Eles simplesmente jogavam uma pá de cascalho dentro de cada buraco, cobriam com betume e passavam para o seguinte. Enquanto esperava, perguntei ao trabalhador que estava perto de meu carro se não deveriam compactar mais.

– Não – ele respondeu. – É assim mesmo que se faz.

Não sou nenhum expert em tecnologia de buracos, mas aquilo não me pareceu fazer sentido.

Claro que, depois de algumas semanas, a passagem constante de carros tinha amassado o cascalho, criando buracos cheios apenas até a metade.

Muitos agem assim, quando em apuros financeiros. Aparentemente, parecem fazer a coisa certa. Conversam com quem devem conversar, procuram descobrir o que fizeram de errado... Às vezes, dão a impressão de conseguir progressos, mas, se não identificarem as verdadeiras razões da formação do buraco, estarão apenas ocultando um problema que se perpetua.

CRIE PADRÕES ALTERNATIVOS PARA OS GASTOS

Este é um ponto muito prático. Se você está em apuros financeiros por causa de gastos excessivos – sei que o que vou dizer parece senso comum –, precisa cuidar disso o mais rápido possível.

Conheço muita gente que não consegue passear no shopping sem comprar alguma coisa. Não faz muito tempo, um cliente me pediu uma sugestão para interromper esse comportamento. Minha resposta foi muito simples:

– Não vá mais passear no shopping!

Se você compra sempre a mesma marca ou o mesmo tipo de produto, pergunte-se: "Este artigo cabe em meu orçamento ou posso encontrar uma versão mais barata?"

Se, ao enfrentar tempos difíceis, as pessoas examinassem todas as áreas de seus padrões de gastos, provavelmente encontrariam compras de artigos desnecessários, responsáveis por seus problemas.

Convença-se de que, para produzir alterações, é indispensável mudar seu atual modo de agir.

REAVALIE SEUS HÁBITOS DE CONSUMO

Quando e o que você compra? Esse ponto está diretamente relacionado ao anterior.

Recentemente, fui convidado a dar uma palestra em uma cidade do interior. Ao chegar, reparei em longas filas em frente a quase todas as agências bancárias da rua principal. Fiquei intrigado, já que o expediente ainda não se iniciara.

Poucas horas mais tarde, durante um passeio a pé para matar o tempo, aproveitei para matar também a curiosidade e perguntei a um dos guardas o motivo de tanto movimento nos bancos.

Segundo ele me informou, a cidade apresentava um alto número de desempregados, e aquele era o dia de pagamento do seguro-desemprego. De quinze em quinze dias, acontecia a mesma coisa. Algumas pessoas gastavam tudo no mesmo dia e passavam o restante da quinzena sem dinheiro.

Longe de mim a intenção de julgar situações que não conheço, mas me parece lamentável aquelas pessoas não estudarem melhor as áreas que poderiam minimizar suas dificuldades.

Se elas não vivessem à espera do próximo contracheque... Se reavaliassem em que gastam dinheiro e a frequência com que fazem isso, talvez mudassem a situação em que vivem, conseguindo até economizar para o futuro.

NÃO FAÇA SEGREDO: DIVULGUE SUA INTENÇÃO DE MUDAR A SITUAÇÃO

Às vezes, por orgulho, escondemos daqueles que nos cercam o fato de precisarmos de ajuda. Sei que fui assim no início, mas também sei que existem a sua volta pessoas dispostas a ajudar; basta pedir.

A mudança de padrões exige tempo e esforço. Por que fazer tudo sozinho, se não precisa ser assim? Experimente pedir ajuda a quem tem um bom conhecimento de seus problemas.

Veja algumas sugestões práticas que você pode aplicar imediatamente a sua situação. Talvez esteja aí a solução.

PEÇA A AJUDA DA FAMÍLIA

Se você e a família estiverem enfrentando as mesmas dificuldades, minha sugestão é que procurem ajuda externa. Por outro lado, talvez vocês possam fazer uma reunião e lançar desafios entre si, distribuindo responsabilidades e trabalhando juntos para melhorar a situação.

O segredo está na honestidade. Não revele apenas a metade dos problemas - ou terá apenas a metade das respostas.

Deixe que o parceiro - ou parceira - e os parentes tomem conhecimento da real situação. Você se surpreenderia ao saber o número de casais em que o marido, ou a mulher, não faz ideia das dificuldades financeiras do outro.

Se você permitir que seus entes queridos saibam da sua necessidade de ajuda, aumentará as chances de sair do buraco em que se meteu. O saber coletivo pode ser a chave para a "volta aos eixos".

ACEITE A AJUDA DE CONSULTORES FINANCEIROS E LEIA LIVROS SOBRE O ASSUNTO

Serviços gratuitos prestados por profissionais que sabem o que fazem podem ser de grande ajuda. Garanto que a situação e seus problemas não vão parecer tão terríveis quanto você pensa.

Existe também uma grande variedade de bons livros sobre liberdade financeira e temas afins, que podem mudar sua maneira de ver e fazer as coisas.

É tudo uma questão de ser mais inteligente do que a situação.

Lembre apenas o seguinte: você não é a primeira pessoa a passar por dificuldades. Alguém já enfrentou situação semelhante. Então por que não aproveitar as experiências alheias?

CONVERSE COM SEUS CREDORES

Este tópico é para empresários, mas, se houver possibilidade de aplicá-lo a sua situação, faça isso.

Se você possui uma empresa, e as coisas não andam bem, converse com seus credores. Sabendo de suas dificuldades, eles talvez diminuam a pressão.

Não caia na armadilha de prometer e não cumprir, ou daqui a pouco ninguém vai acreditar no que você disser. Use de franqueza e de honestidade. Explique aos credores que você está trabalhando para cumprir suas obrigações, que eles estão em seu planejamento e que serão sempre informados da real situação. Quanto mais eles sentirem dificuldade em obter informações, mais impacientes ficarão.

CONSIDERE A POSSIBILIDADE DE RECEITAS ADICIONAIS OU ALTERNATIVAS

Conheço muita gente que luta para equilibrar receita e despesa. Um aspecto comum a essas pessoas é o fato de continuarem a fazer o que sempre fizeram. É como se não percebessem a necessidade de trabalhar com mais afinco e mais inteligência para sair da situação em que se encontram.

Se você precisa de mais dinheiro para crescer, vai ter de pensar em alguma atividade extra. Senso comum, eu sei, mas muita gente não se dispõe a isso.

Quando inaugurei a Attitude Inc.®, tinha dois empregos em meio expediente, além de tentar administrar os negócios. Percebi que precisaria me esforçar mais por algum tempo.

Você se dispõe a trabalhar? Se a resposta for "nada além do que já faço", lamento, mas acho que vai continuar onde está.

Procure um segundo emprego, procure maneiras melhores de fazer o que faz. Não se acomode.

Existe uma pergunta que você tem de parar de se fazer. É esta: "Será que eu mereço o sucesso financeiro?" Pode parecer bobagem, mas é surpreendente o número de pessoas que acreditam serem a prosperidade e a liberdade financeira uma recompensa para poucos. Todo mundo pode experimentar a prosperidade e todo mundo pode trabalhar por ela. As pessoas que "merecem" a prosperidade são aquelas que trabalharam arduamente para chegar lá.

Outra coisa que você precisa trabalhar são as "estrias" – não as do corpo, mas as marcas do pensamento.

Se você estacionou em uma área onde, por uma perspectiva financeira, não consegue enxergar a saída, force o pensamento para além dos limites normais. Quem disse que você não pode viver uma vida de prosperidade? Quem disse que você não pode alcançar um nível mais alto de liberdade financeira?

O pensamento é a área que precisa de atenção, antes de qualquer tentativa de mudança na situação. Quanto mais abertos o pensamento e a imaginação, mais longe você pode chegar.

Albert Einstein disse: "A imaginação é mais importante do que o conhecimento." Você consegue ver-se em uma posição melhor ou parece prender-se à situação atual?

A prosperidade tem muitas facetas, mas devo dizer que um pensamento mais abrangente é uma das chaves que abre as portas do seu potencial.

Lembre-se: sua situação atual será sua situação daqui a um ano se você não trabalhar agora para mudar.

Capítulo 3

COM PROPÓSITO

NESTE CAPÍTULO

- Desejo
- Intenções e metas
- Paixão
- Persistência
- Propósito
- Seja você

Como já deixei claro, alcançar um nível mais alto de prosperidade dá bastante trabalho, não somente para administrar a área de finanças, mas também para descobrir quem você é e por que faz o que faz. Se fugir dos problemas e deixar de trabalhar as falhas em todos os setores da vida, seus sucessos financeiros terão vida breve, e você terá perdido a oportunidade de aprender algumas lições pessoais de grande importância.

Neste capítulo, quero chamar a atenção para a necessidade de adotar uma atitude de determinação. Já vimos por que é preciso um propósito para alcançar o sucesso financeiro, mas é igualmente necessário agir com propósito. Suas escolhas precisam ser cuidadosas e muito bem pensadas.

Tenho a impressão de que algumas pessoas não dedicam realmente esforço ou planejamento às finanças, atuando assim de forma muito unidimensional em área multidimensional. O sucesso financeiro é multifacetado. Portanto concentrar-se apenas no que trará mais dinheiro à conta bancária é ignorar o panorama geral.

É preciso determinação nas escolhas, ações e atitudes em busca do sucesso financeiro. Uma atitude contrária representaria receber passivamente o que vier de bom ou de mau. Somente quando entende esse princípio, você se concentra no que deseja e no ponto aonde quer chegar.

A determinação no que se refere à trajetória e direção ajuda você a perceber os aspectos realmente envolvidos e a identificar o que será necessário para chegar ao ponto que deseja. Assim, evitam-se algumas confusões e mal-entendidos comuns, quando se trata de segurança e sucesso financeiros.

Existem por aí muitos mitos sobre o que se "tem de" fazer para enriquecer. Quem dera fosse assim tão fácil! Elabore um plano de ataque e então, somente então, avance. Porém não há como prever se, em determinado ponto do caminho, você vai fazer a curva para o lado errado. Pelo menos, cuide de manter-se em movimento. Não caia na estagnação. Não reaja, responda.

Infelizmente, muita gente apenas espera que o sucesso financeiro bata à porta. São indivíduos que não querem realmente se empenhar, não querem se dar ao trabalho de pensar construtivamente; acreditam que, por terem feito um pouquinho de esforço e serem pessoas "legais", o sucesso financeiro simplesmente deve acontecer para eles. Nada disso!

A essa altura, você já entendeu que, para alcançar uma melhor posição financeira na vida, é necessário um bocado de foco, orientação e determinação, escolhas e raciocínio.

É preciso ter um plano de ataque. Você não pode apenas fazer o que lhe parece adequado no momento, na esperança de que funcione. Se por um feliz acaso der certo, você talvez se engane pensando ter adotado uma boa estratégia, abrindo com isso caminho para erros futuros, caso repita o procedimento. Na próxima vez, o prejuízo será maior.

O plano de curso faz uma enorme diferença. Se você não sabe aonde quer ir, como pode saber se está na direção certa? E como saber se chegou lá?

O primeiro passo é descobrir o que você quer. Fazer dinheiro só pela vontade de fazer dinheiro não é, realmente, o mais sensato dos desejos. Sem a consciência clara e precisa do que o dinheiro vai lhe proporcionar, você provavelmente não conseguirá apreciar o esforço empenhado, pois terá apenas dinheiro no banco. Saiba para que quer o dinheiro. Assim, ficará feliz, não pelo dinheiro em si, mas pelo que ele representa.

Não faça apenas o que parece bom para você no momento. Tomar o caminho mais fácil e menos estudado e reagir a uma situação imediata, em lugar de procurar uma solução duradoura, são atitudes que podem trazer resultados em curto prazo, mas que podem criar uma situação muito ruim em longo prazo.

Veja o que aconteceu recentemente a alguns conhecidos meus. Não somos amigos íntimos, mas tive a oportunidade de observar uma situação ao mesmo tempo interessante e frustrante. Eles resolveram investir num conceito de propriedade que prometia um retorno altíssimo no fim de um ano. Também fui convidado a aproveitar a "oportunidade", mas logo desconfiei.

Certo dia, durante um cafezinho sem compromisso, o grupo falava do dinheirão que ganharia, chamando de "tolos" os que recusavam a oportunidade por não perceberem que ficariam ricos. Por algum tempo, deixei que discutissem, mas afinal senti-me na obrigação de falar.

Disse que eu era um dos "tolos", que preferia deixar passar a oportunidade. Em minha opinião, quando a história parece boa demais para ser verdade, é porque provavelmente é isso mesmo. Inclusive, tinha decidido investigar melhor a pessoa que dirigiria o esquema de investimento em propriedade. A informação recebida não me inspirou confiança e, a partir daí e apenas por isso, resolvi que não era para mim. Ofereci ao grupo a informação obtida, mas ninguém quis saber.

– Para você, uma oportunidade destas não faz falta – um deles falou. – Está se saindo bem financeiramente, por isso não deve impedir que os outros cheguem aonde você está.

Por alguns momentos, aquilo me aborreceu, pois faz parte da minha vida ajudar as pessoas a atingirem o sucesso financeiro. Daí em diante, simplesmente me excluíram da conversa. Após um tempo, desculpei-me e fui cuidar de meus afazeres.

Há pouco, soube do resultado final. Todos os que viram naquela oportunidade um meio rápido de ganhar dinheiro perderam cada centavo investido com o tal indivíduo. Estão agora em pior posição do que estavam antes, por confiarem em quem não merecia.

Aquelas pessoas fizeram apenas o que julgaram melhor no momento. Não pesquisaram coisa alguma; simplesmente pularam no barco. Visaram a uma solução de curto prazo.

Você não pode se permitir agir como aquele grupo. Precisa olhar suas finanças como um bem precioso. Não quero com isso dizer que deva se apegar a seu rico dinheirinho mais do que a outra coisa qualquer. O que estou dizendo é que as finanças e as decisões financeiras não devem ser encaradas levianamente, em especial se você tem uma família, pois não estará apenas se arriscando, mas colocando em risco seus entes queridos. Essa é uma das principais razões para que eu leve muito a sério cada decisão financeira.

Soluções de curto prazo são apenas isso, curto prazo. Você precisa usar cautela e bom senso em todas as suas escolhas. E isso vale para as grandes e as pequenas decisões.

É incrível como as mesmas pessoas que levam muito tempo para definir suas importantes escolhas financeiras tomam pequenas decisões praticamente sem pensar. O problema é que vários erros em pequenas decisões, quando somados, causam um impacto enorme.

Antes de começar a fazer progressos, você precisa ter certeza de seu objetivo maior e do panorama geral de sua vida financeira. Muita gente não pensa assim, e talvez seja essa a razão de sua luta contínua. Se você não souber para onde vai, como saberá quando e se chegou lá? Sei que estou me repetindo, mas quero que esse ponto fique gravado em seu pensamento.

É necessário ser realista também. Isso pode irritar algumas pessoas, mas uma meta do tipo "quero ter 10 milhões no banco quando chegar aos 30 anos" é um certo exagero. Você estaria programando um potencial fracasso. Ótimo se atingisse esse objetivo, e eu seria o primeiro a dar-lhe os parabéns, mas procure estabelecer metas realistas e atingíveis.

Preciso mencionar outro aspecto importante. Não saia por aí contando a todo mundo quais são suas metas financeiras. Selecione com cuidado quem pode saber. Porque, caso as coisas não saiam de acordo com o planejamento, muitas pessoas ficarão sabendo que (aos olhos delas) você falhou, não chegando aonde pretendia. A impressão que elas têm a seu respeito pode tornar-se negativa. Você precisa de apoio, e não de alguém para lembrar o seu último fracasso.

Existem mais duas áreas importantes para que você alcance um nível mais elevado de prosperidade financeira. Os ingredientes--chave, que contribuem para a sua determinação em atingir tudo o que quer, são desejo e intenção. Sem isso, suas decisões serão baseadas, mais uma vez, em soluções de curto prazo.

DESEJO

Os desejos regem todas as partes da vida. Sejam eles bons ou maus, tendemos a gravitar em sua direção – e com tal intensidade que se pode considerar o desejo como a força que motiva toda e qualquer pessoa neste planeta.

Os efeitos do desejo em cada ação e reação a nossa volta estão aí para quem quiser ver. Um homem faminto deseja comida. Um indivíduo espiritualizado deseja a espiritualidade. Uma pessoa de elevados princípios deseja ser ética. Alguém que vê a devastação da raça humana deseja ajudar, por uma perspectiva pessoal, fazendo doações financeiras. Em todos esses exemplos, por trás das ações de cada um, a força motriz é a vontade de atender aos próprios desejos. Os desejos que teve até agora, até o momento em que lê este livro, trouxeram você ao ponto onde está.

Em algum momento da vida, a maioria das pessoas terá desejo de fazer o bem e, em troca, receberá o bem. Mas também há aquelas que preferem fazer o mal – o que as afastará do sucesso e da prosperidade que esperavam atingir. Quando se fala em desejo, a primeira pergunta a ser respondida é a seguinte: seus desejos levam você para perto ou para longe da prosperidade? Sem trabalhar essa questão, você talvez nunca alcance o nível que pretende.

Tente, um dia, desligar-se de seus desejos. É simplesmente impossível. O desejo é a força que está por trás de todos os nossos atos.

Assim é a vida, você goste ou não. É preciso desejar fortemente tudo o que se quer. Não hesite, pois os resultados refletirão sua hesitação. Ao contrário, sonhe com seu desejo, pense nele e sempre trabalhe por ele. Aprenda a querer com todas as forças do seu ser; se não for assim, jamais realizará seus sonhos – o que será uma pena.

Muita gente perde de vista o que realmente deseja na vida. Precisamos lembrar-nos da importância de redescobrir os desejos, de reacender aquele entusiasmo que faz a vida valer a pena. Sem isso, estaremos fadados à mediocridade e jamais exercitaremos o máximo de nosso potencial.

Você precisa entender o que deseja de verdade. Não faz sentido vagar pela vida pensando querer algo que, na realidade, não tem importância. Um bom exemplo disso é o desejo de obter o que outras pessoas possuem. Não há mal algum em observar como os outros estão se saindo, mas não caia na cilada de querer viver a vida deles ou ter o que eles têm. Ao fazer isso, você estaria focando a vida e as realizações deles, não as suas. O seu desejo seria substituído pelo desejo alheio.

Quem cai nesse tipo de armadilha só vê a fachada da vida dos outros e nunca trabalha as áreas da própria vida que poderiam levar muito além. Não estou dizendo, porém, nem por um minuto, que a vida se resume a chegar primeiro, carregando o máximo de conquistas. De forma alguma. O que pretendo ressaltar é: ao focar os próprios desejos, em vez de ficar se comparando com as realizações alheias, você pode se surpreender, ao ver como pode ir longe em matéria de vida financeira.

Então, você deseja a prosperidade financeira?

Decidiu-se firmemente a trabalhar as áreas necessárias para chegar lá?

INTENÇÕES E METAS

Você pode conhecer a definição de "intenção" no dicionário, mas, se de repente lhe perguntassem sobre suas intenções, não se atrapalharia tentando explicar? As intenções nos guiam pela estrada que chamamos vida. Se as suas forem verdadeiras e corretas, é provável que consiga realizar tudo o que deseja. No entanto, se forem "más" ou insinceras, os resultados na vida estarão longe do ideal. Como se pode ver, são as intenções que nos aproximam ou afastam de nossos desejos. Por isso intenções e desejos estão ligados neste livro.

Muita gente "pretende" que a vida funcione conforme seu planejamento. No entanto pretender agir conforme as intenções e realmente agir são duas coisas totalmente diferentes.

As intenções estabelecem a rota ou a direção para que você saiba por onde começar. Não se esqueça de que, para concluir alguma coisa, é preciso haver uma intenção desde o começo. Esse é o ponto que quero esclarecer.

A intenção é o ponto de partida na jornada rumo aos seus sonhos e metas. Sem ela, não existe uma direção em potencial ou um movimento possível. Mas não pare, uma vez identificadas as intenções. Vá em frente, corra atrás das metas que estabeleceu para si. Intenção, desejo e metas caminham de mãos dadas. Sem metas, o desejo de realizar é unidimensional. Eis porque a intenção é tão importante. Ela é a centelha a iluminar o caminho que você precisa seguir.

As intenções estão no presente – onde você se encontra agora, hoje, lendo este livro. Os desejos estão voltados para o futuro e para os possíveis resultados.

A intenção funciona como os faróis do carro acesos à noite. Ela mostra o caminho. Sem intenção, o panorama é obscuro. Quando as intenções ficam claras, atuam como orientação. Talvez você precise desviar-se da rota durante o percurso, mas não se preocupe: pelo menos, está se movimentando. Aí é que entram as metas. Você sabe aonde quer ir, já que estabeleceu o rumo. Então, não importa o que aconteça durante o caminho, mantenha-se focado na direção do resultado que deseja.

É preciso fazer uma avaliação de suas intenções. Elas são fracas ou fortes e boas? Não vá perder-se a essa altura. É muito comum as pessoas provocarem curtos-circuitos em seus desejos e sonhos simplesmente porque não se dão ao trabalho de examinar cuidadosamente as razões de suas constantes frustrações, em especial por problemas de ordem financeira.

Gostaria de revelar agora um princípio secreto que segui por muitos anos e que me levou à realização em termos de prosperidade financeira. As pessoas tendem a achar que níveis mais altos de riqueza têm a ver com inteligência. Claro que é necessário inteligência para progredir, mas não creio que seja o ingrediente mais importante.

Acredito que, na vida, é preciso paixão – pelo que fazemos e pelo que queremos alcançar. Acredito que todos devemos persistir durante os momentos difíceis para termos a certeza de continuar no caminho certo. Acredito também que, se não soubermos ou não entendermos nosso propósito na vida, jamais atingiremos as metas. Seguindo a paixão, teremos mais possibilidades de alcançar um nível mais alto de prosperidade.

Sim, é isso mesmo. Pode parecer simples demais para ser eficiente, mas garanto que é assim. Se você não se apaixonar pelo que quer realizar, jamais fará acontecer. Aquele nível de prosperidade que você tanto deseja pode não ser alcançado por falta de paixão.

Sem persistência nos momentos mais difíceis, não se vai adiante. Quando se trata de prosperidade, vale a pena perseverar. Será que as pessoas mais ricas do planeta apenas esperaram sentadas o dinheiro cair sobre elas? Acho que não. Elas, seguramente, superaram barreiras que surgiram no caminho.

Como já vimos, sem um propósito a realizar, você faz somente o que "parece certo no momento". E, conforme descobrimos neste capítulo, se você não agir "com propósito" e deliberadamente, estará somente tateando através das situações e colhendo resultados ao acaso.

Vamos, agora, analisar melhor cada um dos ingredientes da prosperidade.

PAIXÃO

Pessoas apaixonadas produzem! Sem paixão, dificilmente você terá aquele "uau!" por trás do que está fazendo.

Que vida pode ser realmente maravilhosa sem uma grande paixão? Ter uma paixão na vida já é um excelente começo, mas considere o seguinte: por que não se apaixonar por todos os aspectos dela – do começo ao fim, de cima a baixo? É possível? Sim, e não é tão difícil quanto você imagina. Eu, pessoalmente, acho impossível estar apaixonado apenas por uma área da vida. A paixão permeia cada parte de minha vida: família, trabalho, tudo.

Claro que a primeira providência é descobrir o que lhe desperta paixão. Uma das maneiras mais fáceis de chegar a essa conclusão é pensar no que você faz quando tem tempo livre – quando sai em férias, por exemplo – ou o que melhora o seu "astral" nos momentos de raiva, frustração, mágoa ou de simples necessidade de distração. Outra forma de descobrir qual é sua paixão é a visualização. O que você se vê fazendo depois da aposentadoria? O que faria se tivesse reservas ilimitadas de tempo, dinheiro, apoio e recursos?

Depois de descobrir sua paixão (ou suas paixões, já que a maioria das pessoas tem várias), pare um pouco para analisar se ela faz parte de sua vida ou foi excluída. Então, troque tudo o que afasta ou nega o exercício de suas paixões, por trabalho, hobbies, atividades, hábitos e bens que as reflitam.

Naturalmente, daqui consigo ouvir o protesto: "Nem todo mundo pode escolher em que trabalhar e onde viver!" Essa afirmativa se deve, em grande parte, ao medo e à desconfiança. É assustador "levantar acampamento" e partir rumo ao desconhecido, ainda que a vida atual seja uma "morte lenta". Sei o quanto pode ser aterrador seguir o coração, quando ele aponta numa direção diferente da razão. E compreendo que, aos olhos daqueles que não ousam, possa parecer tolice alguém anunciar aos quatro ventos que vai desistir de tudo o que conquistou para correr atrás de um sonho que talvez não dê certo.

A verdade, porém, é que é muito melhor falhar fazendo o que se gosta do que "ter sucesso" numa vida de mediocridade e arrependimento. Viver não é como provar um vestido. Você pode não ter a chance de usar o que aprendeu. Quem sabe? Talvez tenha sobrado apenas uma bala, e você precise conseguir uma posição financeira melhor com um tiro só (não quero parecer o arauto da ruína e da tristeza; pretendo apenas fazer você sair do lugar).

PERSISTÊNCIA

O dicionário define persistência como "continuar, a despeito de obstáculos e objeções".

Vou repetir, para o caso de você ter passado os olhos rápido demais: "a despeito de obstáculos..." Daí, às vezes, sermos levados a pensar que os obstáculos são a razão de o sucesso acontecer apenas para alguns eleitos.

Saiba que, na luta por um nível mais alto de prosperidade financeira, você vai encontrar obstáculos ao longo do caminho. Isso é certo. Ao enfrentar esses obstáculos, sua atitude determina diretamente se você vai ou não atingir a prosperidade financeira.

Quando jovens, aprendemos que as coisas nem sempre são como queremos ou acontecem como planejamos. Não sei como você se saiu na escola, mas tenho certeza de que nem tudo funcionou do jeito que pensava. Alguns alunos (eu, inclusive) podem não ter obtido as notas que esperavam, mas a maioria persistiu, apesar dos obstáculos. Com persistência e determinação, são pouquíssimas as chances de não se conseguir realizar o que se deseja. Pode ser que demore um pouco e que nem tudo dê certo da primeira vez, mas o indivíduo perseverante e determinado insiste, apesar dos obstáculos ou tropeços. São os persistentes que recebem as recompensas.

No entanto, não confunda talento com persistência. Conheci pessoas extremamente talentosas que, simplesmente, pareciam desperdiçar o talento que tinham por falta de persistência – como se considerassem o talento suficiente para resolver tudo na vida. Veja, por exemplo, seus colegas de escola. Onde estão, hoje, os "mais populares" ou os "mais talentosos"? Alguns devem ser bem-sucedidos com certeza. Muitos deles, porém, são exatamente como nós. Talento no passado não significa talento permanente nem segurança para o resto da vida.

Infelizmente, as coisas podem ser difíceis às vezes. Sem persistência para afastar o lixo que cair sobre você ou para superar as derrotas, você jamais alcançará os resultados que tanto deseja. É preciso dar um passo de cada vez na vida e na jornada, em especial quando se trata de prosperidade. Assim, você terá a certeza de não perder o rumo.

Pense um pouco nos participantes de uma maratona olímpica. A expressão de dor de alguns dos competidores é tão visível que se percebe mesmo pela televisão cada movimento. Alguns chegam se arrastando à linha de chegada.

Certos indivíduos alcançam o que desejam em tempo recorde; outros chegam lá no último segundo. Mas, como eu disse, a prosperidade não é uma corrida. Você tem de atingir a meta simplesmente. Quando for possível.

PROPÓSITO

Para não me repetir, vou dizer apenas isto: sem um propósito maior na vida do que realizar os próprios desejos, seu sucesso terá vida curta ou será muito solitário.

Cruel, eu sei, mas totalmente verdadeiro. Pense no impacto que o dinheiro, as informações ou o tempo que você possui podem causar sobre os menos afortunados. Se você se considera a pessoa mais injustiçada do mundo, garanto que existe alguém por aí (se não milhões de pessoas) que adoraria ter o que você tem. Prometa trabalhar seu interior de modo a ajudar a quem precisa.

Para mim, a fórmula da prosperidade inclui três elementos indispensáveis: paixão, persistência e propósito. Não existem atalhos para chegar lá.

SEJA VOCÊ

Finalmente, quero me dirigir a um ser humano completo, e não apenas a alguém que quer atingir um nível mais alto de riqueza.

Aproveite realmente sua situação atual. Sei que muitos leitores deste livro não estão nem perto de onde desejariam, mas essa é minha opinião. Acredito que, se você não aproveitar cada aspecto da jornada, vai ser muito mais difícil continuar. Não que a luta constante pela melhoria financeira seja motivo de satisfação; quero enfatizar apenas que seus esforços por uma situação melhor não devem impedir você de aproveitar quem é e a companhia daqueles com quem convive. Os entes queridos estarão a seu lado qualquer que seja seu saldo no banco.

Seu foco indica quem você é realmente como ser humano. Arranje tempo para ser quem você é, porque é disso que as pessoas gostam. Todos temos áreas na vida a serem trabalhadas, mas cuide de manter o equilíbrio. Não se torne um daqueles indivíduos intransigentes, que parecem cortar da vida tudo o que é normal e seguro na busca de "algo melhor".

Uma pessoa miserável sempre pensa na própria miséria em primeiro lugar. Qual é o seu foco? Será no desejo de ganhar mais dinheiro? Se for, cuidado para que não seja o único.

Também procure perceber como está distribuindo o seu tempo. Se estiver plantando na miséria da sua situação financeira atual, obterá uma colheita de miséria. Um fazendeiro sabe exatamente em que tipo de solo pode plantar cada semente. Também sabe que algumas sementes não vão brotar. Em que solo você está plantando as sementes de sua prosperidade? Será no esquema "fique rico rápido" ou em algo menos arriscado? Mais uma vez, somente você pode responder essas perguntas, mas não deixe de fazê-las.

Alguns talvez precisem gastar mais tempo do que outros na preparação do solo (nós somos o solo), antes de plantar as sementes. Isso não é perda de tempo. É um tempo bem empregado.

Se você não aplicar ao que pretende realizar um processo de raciocínio deliberado, é mais provável que fique à mercê dos acontecimentos, em lugar de estar no comando do que vier a ocorrer.

Capítulo 4

QUANTO DE DETERMINAÇÃO VOCÊ COLOCA EM SUAS ATITUDES?

NESTE CAPÍTULO

- A base do sucesso
- Foco e persistência

Existem muitas pessoas que adorariam alcançar um nível mais elevado de riqueza na vida, mas boa parte delas desiste cedo demais.

Um nível mais elevado de riqueza requer bastante trabalho e, por vezes, trabalho árduo e contínuo. Sei que você provavelmente já sabe disso, mas não custa repetir.

Não pense, de forma alguma, que vai ser fácil. No entanto, se você compreender os princípios e métodos que estão por trás do processo, vai facilitar as coisas. Mais uma vez, é preciso dizer que muita gente não percebe a existência de maneiras melhores para realizar o que deseja. Se você entender isso, seu caminho pode tornar-se um pouco mais suave.

Não há acesso secreto para a prosperidade. Não há atalhos nem meios de pular etapas para chegar lá mais depressa. Mas não deixe que isso lhe roube a coragem. Apesar das dificuldades, quando você alcançar o nível desejado de prosperidade e/ou de riqueza (se for essa sua ideia no momento), vai poder aproveitá-lo por um período mais longo e confortável, já que o processo e o tempo empregados formaram uma base sólida para futuras construções.

Ainda neste capítulo, pretendo discutir como e por que construir uma ótima base. Por enquanto, porém, minha intenção é estimular você a se interessar realmente pelo assunto, de maneira a chegar ao nível financeiro desejado.

Agora, vou revelar o segredo da prosperidade financeira. Trata-se de algo que muitos levaram anos para elaborar, e você vai conhecer agora. Quer saber? Tem certeza?

Ótimo. Lá vai...

O segredo para alcançar a prosperidade é... trabalho!

Oi, você ainda está aí?

Não esperava por essa, não é?

Este é o motivo pelo qual muitas pessoas jamais atingem riqueza ou prosperidade: olham para quem é bem-sucedido financeiramente e presumem que o processo foi fácil.

Riqueza e prosperidade não são apenas para os "sortudos" nem representam um prêmio para os membros de um clube exclusivo; estão aí para quem quiser pegar. Tudo o que há a fazer é compreender que precisamos trabalhar. E muito.

Nem tudo o que você tentar vai dar certo. Nem todo investimento gera um grande lucro. Então, o que fazer a respeito?

Vai desistir, dar socos no ar, dizer "não brinco mais" e ir para casa? Ou desenvolver uma atitude determinada, afirmando que, apesar das dificuldades, sejam as falhas suas ou de outros, você vai continuar de pé e seguir em frente? Isso é que é resistir.

Sou convidado com frequência a falar sobre diversos tópicos em palestras abertas ao público. Também me chamam com regularidade para expor minhas ideias em seminários e conferências sobre "criação de riqueza". Provavelmente, não sou um tipo comum de palestrante, porque abordo o assunto por outro ângulo. Se você estiver somente focado no dinheiro (como eu já disse), todas as suas decisões terão esse objetivo, em lugar de outras questões mais importantes, e não acredito que esse seja um modo saudável de viver ou agir.

Ainda assim, sou chamado frequentemente a falar outras vezes para a mesma plateia, porque as pessoas realmente compreendem o que digo: aplicam as teorias à vida, experimentam um nível de sucesso e acabam por oferecer um feedback positivo aos organizadores desses eventos.

Uma coisa que realmente me incomoda em alguns (devo destacar que são apenas alguns) desses eventos é o aparecimento de "gurus" financeiros apresentando conceitos e "jeitinhos" para obter riqueza. Para eles, trata-se de chegar lá o mais rápido possível, sem ter de fazer o que todo mundo fez.

É sem dúvida uma ideia bastante tentadora, mas – é preciso que se diga – perigosa também.

Explico. Tornar-se rico não é apenas uma questão de cifras. Se fosse assim, qualquer um que atingisse o objetivo de amealhar uma quantia vultosa seria rico. E o planeta estaria cheio de pessoas riquíssimas.

A construção da riqueza tem muito mais a ver com o indivíduo, o processo e a jornada. Claro que alguns atingem a riqueza mais depressa do que outros, mas, ainda assim, têm de passar pelo mesmo processo, como todo mundo.

Ao pegar um atalho, você corre o risco de perder alguma coisa pelo caminho. É o mesmo que montar um quebra-cabeça. Imagine que, um dia, você resolva montar um daqueles de mil peças. Começa com poucos pedacinhos até conseguir formar as bordas. Então, achando que está demorando demais e querendo acabar logo, decide dar um jeitinho: junta um monte de peças, na esperança de formar a cena central, mas que, na realidade, não passa de uma confusa mistura de cores e pequeninas imagens. Você pode achar que "vai servir" ou que está quase autêntico, mas a realidade é que não fez um bom trabalho. Na verdade, perdeu tempo, pois não completou coisa alguma.

O princípio é o mesmo no que diz respeito a pegar atalhos rumo à riqueza. O seu quadro só estará completo quando todas as peças forem arrumadas na ordem certa. Senão, você viverá uma experiência financeira curtíssima e, provavelmente, com mais sofrimento do que prazer.

Para mim, tudo se resume à teoria "vem fácil, vai fácil". Quem consegue alguma coisa sem sacrifício, trabalho e esforço verdadeiros não valoriza o que tem.

Ocorre, então, de as pessoas que "enriqueceram depressa" começarem a valorizar a própria importância, em vez de valorizar a jornada empreendida ou o que aprenderam sobre si mesmas (lembra-se de Jeff, no primeiro capítulo?). No meu entender, o sucesso corresponde a um monte de fiascos reunidos para afinal chegar a um ponto nunca antes atingido.

Quando as coisas acontecem depressa demais, sem obstáculos, a única certeza é de que eles surgirão adiante. O sucesso – o financeiro, em especial – está ligado à superação de barreiras. Quando você encontra uma barreira, precisa pensar no que fazer para superá-la, para então prosseguir até a próxima e assim por diante. Alcançar o sucesso é encontrar, superar e conquistar barreiras.

No entanto, quando se trata de visar a um determinado nível de prosperidade financeira, a razão de não haver atalhos a tomar é o fato de o processo direcionar o resultado final. A prosperidade, como foi dito, envolve ganhar, crescer, superar e ser bem-sucedido. E não burlar para chegar lá da maneira mais rápida possível.

Vivemos em uma sociedade que parece considerar vencedor aquele que consegue, em primeiro lugar, um certo nível de sucesso. Embora admire as pessoas que desejam alcançar a segurança financeira ainda jovens, não penso que devamos conceder a elas um grau de realização mais alto do que às que atingem o sucesso mais tarde. Não faz mal que aconteça aos 20, 30, 40, 50 ou mesmo 60 anos de idade; o importante é o indivíduo sentir que conseguiu.

A BASE DO SUCESSO

O sucesso depende da base sobre a qual você opera. Observe os "espertos" que defendem os esquemas do tipo "fique rico rapidamente". Suas bases são pequenas e inseguras, bem de acordo com o caráter deles. Nesses casos, você, como pessoa, é a única base disponível para construir sua prosperidade.

Quanto maiores as fundações, maior a casa que se pode construir.

Imagine que você queira construir uma casa de 100 metros quadrados. Planejou a localização dos quartos, selecionou a combinação de cores e até escolheu os azulejos do banheiro.

Chega o dia de preparar as fundações e pagar por elas. Então, e só então, você se dá conta de que não tem dinheiro suficiente para pagar o construtor. E dá um "jeitinho". Decide entregar a ele o dinheiro que tem: o suficiente para as fundações de uma casa de 60 metros quadrados.

Ele prepara a concretagem e vai embora. Você resolve insistir, a despeito de tudo, e construir, de qualquer jeito, a casa original de 100 metros quadrados. Será que essa casa vai ficar de pé sobre fundações bem menores? Penso que não. Mas é assim que muita gente age, em especial quando se trata de atingir uma posição financeira melhor.

Esses indivíduos decidem o que querem, o que vão fazer. Somente depois que estão a caminho, belos e fagueiros, percebem que não prepararam as fundações adequadas para construir seus sonhos sobre elas. Então, passam a culpar os outros pelos fracassos, sem encarar o fato de que o erro vem do início: da falta de uma boa base.

Então, qual é sua base?

É ganhar dinheiro e enriquecer?

Sentir-se importante, o foco das atenções por causa de sua fortuna?

Atingir um nível de prosperidade que lhe permita ajudar os outros?

Viver uma vida que faça a diferença?

Ser o melhor ser humano possível?

Só você pode responder essas perguntas. Não vou dizer a você o que fazer, já que a decisão deve ser sua. O que sugiro, no entanto, é: assegure-se de que as fundações estabelecidas hoje sejam capazes de suportar realizações, orientação e sonhos futuros, e não apenas seus desejos imediatos.

Não se subestime. Não vise ao curto prazo nem a metas facilmente atingíveis, que podem ser enganosas, fazendo você pensar que chegou ao sucesso. Aponte para bem longe do ponto onde se encontra agora, muito além do que pode imaginar.

Posso ouvir alguns leitores dizendo: "Certo, foi ótimo ter-me mostrado que minhas fundações precisam ser maiores do que são. Mas como aumentá-las agora?" Boa pergunta.

Já viu um arranha-céu sendo construído? A preparação para a construção de um edifício alto sempre me impressionou.

Embora admirem o incrível produto final, as pessoas, em sua maioria, desconhecem o trabalho feito antes de o prédio começar a subir.

Os construtores precisam cavar até uma profundidade de muitos andares, certificando-se assim de que a estrutura seja suficiente para suportar a parte que vai ficar acima do solo. Os arquitetos e engenheiros desses imensos edifícios sabem que a força não está na fachada ou no último andar, mas nas fundações. A força se encontra naquilo que não se vê.

Ao trabalhar suas fundações, exatamente como acontece com o arranha-céu, você vai precisar fazer uma porção de coisas que ninguém mais verá. Se não for assim, tal qual um arranha-céu sem alicerces, seu sucesso terá vida muito curta. Atitude em relação ao dinheiro e à generosidade, autoestima e áreas afins são fatores decisivos para a prosperidade – ou para a falta dela. Sem essas áreas trabalhadas, seu caminho será muito acidentado, pois aqui e ali os problemas vão surgir – e mais de uma vez.

Não seria mais inteligente trabalhar essas questões agora, reforçar as fundações antes de tentar tomar o caminho para uma melhor posição financeira?

Não será mais fácil lidar com essas questões agora do que quando houver outros aspectos em jogo e talvez você tenha muito mais a perder?

A construção das fundações exige a mistura certa de componentes. Quero dizer com isso que todos os aspectos de sua vida pessoal devem ser trabalhados. Se estivesse misturando o concreto para preparar os alicerces de sua casa, você não deixaria de usar areia ou água só para acabar mais depressa. Seria preciso garantir que cada componente fosse medido de forma correta e precisa, para que o resultado não fosse um total desperdício de tempo e de recursos. Da mesma forma, ao tomar o caminho rumo à prosperidade, cuide para não se concentrar apenas em ganhar dinheiro, deixando de lado aspectos importantes como as questões pessoais. Cuide também de prestar constante atenção a suas falhas. São elas que podem impedir seu progresso ou mesmo mandar você de volta ao início – ou, quem sabe, mais para trás.

Quando você perceber que a prosperidade financeira está tão ligada a trabalho e ética quanto ao resultado final, terá entendido que uma boa fundação é essencial. A jornada não vai ser fácil, mas o esforço compensa.

Quero falar de uma parábola bíblica que aprendi quando muito jovem. A história marcou minha vida, em especial quando abri minha empresa. Fiz uma atualização para que tenha mais relevância hoje.

Um empresário ia partir em viagem. Como ficaria ausente por muitos meses, chamou três funcionários ao escritório e deu ao primeiro 5 mil dólares; ao segundo, 3 mil dólares; e ao terceiro, mil dólares, encarregando-os de multiplicar o dinheiro recebido e entregar a ele na volta.

Enquanto o empresário esteve fora, todos trabalharam normalmente. Muitos meses depois, o patrão voltou e chamou os três funcionários ao escritório, um de cada vez. O primeiro a entrar foi o que havia recebido 5 mil dólares.

– Eu lhe dei 5 mil dólares. O que você tem para mim? – perguntou o empresário.

– Fiz bom uso do dinheiro e tenho agora 10 mil dólares.

O empresário ficou tão satisfeito com a aplicação do funcionário que decidiu oferecer a ele um cargo de mais responsabilidade na empresa.

Assim, ao chamar o segundo funcionário, disse:

– Eu lhe entreguei 3 mil dólares. O que você tem para mim?

– Fiz bom uso do dinheiro e tenho 6 mil dólares para lhe devolver – o homem respondeu.

Mais uma vez, o patrão ficou satisfeito e atribuiu ao funcionário a responsabilidade por outro setor da empresa.

Chegou a hora, então, de o terceiro trabalhador entrar no escritório. A conversa foi a mesma:

– Eu lhe confiei mil dólares. O que você tem para mim?

Dessa vez, a resposta foi diferente. O terceiro trabalhador disse:

– Sei que o senhor é um ótimo e bem-sucedido empresário e, por essa razão, tive medo de não estar a sua altura. Então, enterrei o dinheiro, para não correr o risco de perder um só centavo.

– Você nada aprendeu comigo. Não acreditou em você. Não posso mantê-lo à frente de parte alguma de meu negócio.

E, assim, o terceiro funcionário foi despedido.

Você deve estar se perguntando qual é a moral da história. Eis a interpretação de Justin Herald: muitos de nós possuímos talentos que precisamos utilizar para alcançar a riqueza ou, como prefiro, a prosperidade financeira. A maneira como você emprega seus talentos determina se vai alcançar ou não o que deseja. Os dois primeiros funcionários estavam conscientes de que teriam de usar o que sabiam para conseguir um nível mais alto de sucesso. O terceiro, no entanto, achou que poderia "ir levando", sem fazer coisa alguma.

Detesto ter de dar-lhe esta notícia desagradável, mas você jamais chegará a lugar algum na vida, seja pessoal ou financeiramente, se tentar apenas "ir levando".

Outro aspecto que gostaria de ressaltar nessa história é que nem todo mundo dispõe da mesma quantia em dinheiro. Não somos todos iguais financeiramente, mas podemos fazer o melhor possível com o que temos. Se você tem menos do que aqueles com quem convive, isso não significa que não possa experimentar algum nível de sucesso financeiro. É necessário adotar a determinação de viver a vida 100%. Seu sucesso nas finanças é exatamente isso: seu sucesso!

É preciso ter a firmeza de dizer: "Vou apostar em mim hoje." Não posso deixar de apontar como esse tipo de atitude fica evidente nos indivíduos bem-sucedidos que conheço. Todos apostaram em si mesmos. Todos acreditaram em seus sonhos e decisões. Se você não acredita em si, como pode esperar que alguém acredite?

FOCO E PERSISTÊNCIA

Como você já sabe, não se atinge a prosperidade da noite para o dia. E, como eu já disse, não acredito em caminhos rápidos e fáceis para o sucesso. Então, como manter-se focado e motivado durante o percurso?

Outro aspecto importante a ser assimilado é o princípio da persistência. Quando você se convence de que pode demorar um pouco a alcançar o nível de prosperidade desejado, fica mais à vontade e sente-se mais confortável para suportar a espera.

O que você vai fazer se as coisas não derem certo logo da primeira vez?

Vai desistir? Culpar alguém por seu insucesso? Ou vai levantar-se, sacudir a poeira e recomeçar?

Creio que muita gente desiste cedo demais. Se ao menos essas pessoas entendessem que o sucesso pode estar logo adiante... Nem tudo funciona exatamente como planejamos. Isso é uma certeza. Assim, volto a dizer: constantemente você vai precisar tentar novas alternativas ou dar uma nova abordagem a antigas questões.

Se pretendesse participar das Olimpíadas - correr a maratona, por exemplo –, você teria de passar por um longo período de treinamento, durante o qual se esforçaria para cobrir a mesma distância da prova. Não faria corridas curtas, de 100 metros, e nada mais.

O mesmo acontece quando se trata de alcançar a prosperidade. Soluções rápidas não trazem grandes resultados. É preciso uma atitude de persistência. É preciso estar preparado (e também treinado) para uma jornada longa, complicada e, às vezes, difícil.

Ao perceber isso, você vai começar a compreender o que está envolvido realmente. Saiba também que o que está tentando fazer não é nenhuma novidade. Desde tempos imemoriais, um número incontável de pessoas, no mundo todo, tem tentado progredir financeiramente. O que lhe acontecer de bom ou de ruim pelo caminho já foi ou está sendo experimentado por outros.

Não pense que seus problemas são grandes demais para serem superados. Esse tipo de ideia é como uma licença para desistir.

E tem mais. Muita gente quer tanto que tudo esteja perfeito, antes de começar, que nunca realmente começa ou acaba alguma coisa. Há alguns anos, ouvi do palestrante americano Rick Godwin um bom exemplo.

George Mallory foi o primeiro homem que resolveu subir o Monte Everest. Então, reuniu uma equipe para tentar escalar o ponto mais alto do planeta Terra – mais de 8 mil metros.

Na primeira tentativa, não conseguiu alcançar a meta de conquistar a montanha.

Na segunda tentativa, falhou novamente, e na terceira perdeu a vida, ao lado de Andrew Irvine, seu parceiro de escalada.

Ao retornar à Inglaterra, a equipe remanescente ofereceu um jantar em memória dos colegas falecidos.

No salão onde houve o jantar, as paredes foram cobertas com fotografias de George Mallory e Andrew Irvine. No meio delas, apenas uma do Monte Everest. No término da triste noite, um dos membros da equipe se levantou, chorando. Apontou para a foto do Monte Everest e disse:

– Você nos venceu uma vez. Você nos venceu duas vezes. Monte Everest, você nos venceu três vezes. Mas, um dia, nós o venceremos, porque você não tem mais como crescer, mas nós temos.

Finalmente, foi Sir Edmund Hillary, com Sherpa Tensing, quem chegou ao alto da montanha pela primeira vez, preparando o caminho para aqueles que a conquistaram depois.

Comece. Compreenda que as coisas não serão perfeitas desde o primeiro dia. Mas você precisa progredir antes de aperfeiçoar seja o que for. Todos temos montanhas (problemas e dúvidas) a enfrentar. O modo de lidar com as montanhas é escolha inteiramente sua, mas, se você entender que elas não podem crescer mais do que o seu desejo de vencê-las, será capaz de conquistar todas as que surgirem no caminho de sua prosperidade e liberdade financeira.

Tudo depende de seu grau de determinação.

Espero que você esteja entendendo que ganhar dinheiro é apenas o resultado final do tratamento dispensado a determinadas questões que surgem em seu caminho. Como eu já disse neste capítulo, existe muita gente que começa, mas logo desiste de suas empreitadas – por falta do princípio de determinação.

Na vida, são muitos a iniciar, e poucos a ir até o fim. Quando as coisas ficam difíceis, eles pulam fora. Não compreendem que precisam construir sobre os desejos que têm; precisam afastar os pensamentos negativos. Eles têm de entender que só os fortes e determinados colhem as recompensas. Você deve querer realmente aquilo que quer.

Diz-se, frequentemente, que existem três tipos de indivíduos:

- Os que fazem as coisas acontecer.
- Os que olham aqueles que fazem acontecer.
- Os que sempre perguntam: "O que aconteceu?"

No primeiro grupo, estão as pessoas suficientemente proativas para fazerem a vida trabalhar para elas. Esforçam-se, investem com sabedoria e aproveitam as coisas boas que o sucesso traz. Têm disciplina bastante para afirmar: "Custe o que custar, vou chegar aonde quero." Tiro meu chapéu para essa gente. Claro que esses indivíduos também encontram dificuldades e obstáculos, mas voltam, sacodem a poeira e recomeçam. Sabem que, aconteça o que acontecer, só contam com eles mesmos para atingir suas metas. As coisas boas não caem o tempo todo sobre as pessoas bem-sucedidas; são elas que fazem as coisas boas acontecerem.

No segundo grupo, estão os que não saem do lugar: apenas observam e desmerecem o progresso alheio. Consideram o trabalho árduo como uma espécie de doença incurável. Não percebem que também poderiam ter um estilo de vida melhor se, pelo menos, mexessem o traseiro. Deixam a vida acontecer em torno deles; não participar da jornada é uma escolha consciente. Pena não saberem que seu destino depende inteiramente deles.

E, por último, há pessoas que não têm a menor ideia do que lhes aconteceu ou pode acontecer. Estão tão fora de sintonia com a situação atual que parecem brincar de pega-pega com elas mesmas. Talvez você conheça pessoas assim. Eu conheço. Sei de uma moça que vive reclamando da desordem em que sua vida se transformou. Todo mundo consegue prever o que vai acontecer com ela – menos ela mesma, sempre no mundo da lua. Seria bom se ela reconhecesse que tem potencial e que viver não é aceitar passivamente o que "tiver de ser".

Fique esperto quanto ao que quer e como conseguir. Existem muitos esquemas e fraudes por aí que podem envolver até os mais inteligentes. Esteja sempre alerta. Não acredite de saída que outra pessoa vá defender seus interesses como se fossem os dela. Quando uma situação parece boa demais para ser verdade, provavelmente é isso mesmo. Com certeza, a última coisa que você quer – ou de que precisa – é que alguém provoque sua volta à estaca zero.

É preciso usar de estratégia e atenção em todos os aspectos da vida pessoal e financeira. Quando você aborda as finanças dessa maneira, logo percebe o que é "fria" e o que não é. Algumas pessoas caem em certos tipos de confusões financeiras por falta de uma meta clara e precisa, o que faz parecer bom tudo o que promete enriquecimento rápido. Claro que esses esquemas provavelmente vão levar a algum lugar. Pena se esse "algum lugar" não for nada perto do lugar onde você gostaria de estar.

Para encerrar este capítulo, quero fazer cinco perguntas desenvolvidas por Steve Brunkhorst, *coach* de sucesso na vida, que ajudarão a aumentar seu entusiasmo e sua determinação. Faço essas perguntas a meus clientes em nossa primeira entrevista. Somente você pode respondê-las. Lembre-se, no entanto, de usar o máximo de honestidade, pois só assim será possível identificar as áreas a serem trabalhadas para levar você de volta ao caminho certo.

O QUE VOCÊ QUER ALCANÇAR?

Sem sonhos ou metas, você fica, basicamente, à espera de que alguma coisa importante aconteça. O problema é que você pode se enganar, investindo em uma bobagem, pensando ser a tal "coisa importante". Quando perceber o erro, será tarde demais: o desperdício de tempo e dinheiro estará consumado.

EM QUE ÁREAS DA VIDA VOCÊ TEM COMPROMISSO COM A EXCELÊNCIA?

Caso tenha lido qualquer de meus livros anteriores, você sabe da enorme ênfase que dou à conquista de melhores níveis de excelência em todas as áreas da vida. É impossível resolver ser excelente de uma hora para outra; é preciso comprometer-se. Você acredita que os nadadores olímpicos acordam um belo dia e ganham a medalha de ouro? Não. Eles dedicam horas, dias, meses e anos para aperfeiçoar seus talentos e atingir suas metas.

QUAIS SÃO AS DÚVIDAS OU OS PROBLEMAS QUE O IMPEDEM DE ALCANÇAR O SUCESSO OU UM NÍVEL MELHOR DE PROSPERIDADE?

Você precisa encontrar bem depressa as respostas para essa pergunta se quiser começar a conquistar objetivos nas áreas financeiras da vida. Muitos têm ideia de onde gostariam de chegar na vida, mas são poucos os que procuram descobrir o que os impede de atingir seu objetivo. Se você quiser prosseguir, precisa identificar os obstáculos. Antes de seguir adiante, trabalhe sempre as áreas que precisarem de atenção. Assim, não terá seu caminho barrado adiante.

COMO TRANSFORMAR OBSTÁCULOS E BARREIRAS EM RESULTADOS POSITIVOS?

Em vez de pensar nos motivos de nunca conseguir o que deseja, mantenha o foco em como usar dúvidas, frustrações ou obstáculos a seu favor. Não pense, nem por um minuto, que você é a única pessoa no planeta com determinado problema. Os bem-sucedidos são aqueles que superam os obstáculos.

Eu não vejo um copo como meio cheio/meio vazio. Para mim, um copo é um copo. É tarefa minha enchê-lo e responsabilidade minha se está vazio. De um modo ou de outro, estou no comando do que me acontece. Tive um patrão que costumava dizer: "Não temos problemas; apenas oportunidades." É uma grande verdade. Um problema é uma oportunidade de conquistar uma área ainda não conquistada.

COMO TRAZER DE VOLTA A SUA DETERMINAÇÃO PARA A CONQUISTA DE METAS?

Essa é outra pergunta que só você pode responder. Investir em si, expandindo o autoconhecimento, é um ótimo começo. Acredito firmemente na importância de saber cada vez melhor quem sou e o porquê de minhas atitudes. Se você fizer isso, não somente pode surpreender-se com o que descobrir, mas também entender como solucionar suas dúvidas e seguir adiante.

Não desista. Persista até atingir as metas que estabeleceu. Mas, se as metas forem muito antigas, é hora de recomeçar.

Neste capítulo, você leu que, com determinação, persistência, uma ética mais sólida e fundações adequadas, o sucesso financeiro é bem mais fácil de ser conquistado.

Só você é responsável por sua chegada ao objetivo. Claro que outras pessoas podem ajudar. Em última análise, porém, a escolha é sua.

CAPÍTULO 5

SUA PROSPERIDADE É MAIOR DO QUE VOCÊ

NESTE CAPÍTULO

- Generosidade
- Propósito

Sua prosperidade tem de ser maior do que você. Como já vimos, quando se trata de criação de riqueza, tudo o que você faz se resume a tentativas para alcançar as metas financeiras que traçou. No que tange à prosperidade, são necessárias metas que incluam não só seus desejos financeiros, mas também necessidades de outras pessoas.

Tal modo de agir e pensar não é natural para todos. Neste capítulo, quero ajudar você a trabalhar essas áreas que lhe abrirão as portas da liberdade para a prosperidade financeira, assim como para a prosperidade em todos os aspectos da vida.

Quero mostrar que, se você não agir com determinação e cuidado, é possível que jamais chegue a conquistar os níveis desejados. Vamos discutir também foco, generosidade e propósito, fatores que desempenham um papel importantíssimo na busca de uma posição financeira melhor.

GENEROSIDADE

Se você conhece minhas ideias, sabe que sou um ferrenho defensor da generosidade. Vivemos em um mundo naturalmente egoísta – embora eu reconheça que, ultimamente, tem sido ótimo ver as pessoas colocarem a mão no bolso para ajudar a quem precisa em qualquer parte do mundo. Pense, por exemplo, na grande soma levantada depois do tsunami de 26 de dezembro de 2004.

Precisamos ser generosos, inclusive como meio de alcançar um nível que, para a maioria, nem sempre é confortável.

Todo mundo pode ser generoso. Cada um tem alguma coisa a dar – seja dinheiro, tempo ou informação. A ganância é a inimiga da generosidade. Falei da ganância no primeiro capítulo, mas vou voltar brevemente ao assunto.

Se você mantém e acumula talento, dinheiro, tempo e, até mesmo, informação, está impedindo o próprio crescimento. O ato de dar é apenas uma parte do processo. Quando você se doa, abre-se a receber de outra fonte. Isso não quer dizer que, se você der 100 dólares a alguém hoje, vai receber a mesma quantia de volta amanhã, de outra pessoa. O que digo é: com sua sincera opção de dar, você inicia um ciclo no qual, em algum momento, pode receber.

É o mesmo princípio da teoria da gravidade: tudo o que sobe desce. A teoria da generosidade afirma: aquilo que se dá, um dia volta. Pode não ser a mesma coisa que você deu, e devo lembrar que nem sempre é imediato. Pode levar anos, mas um dia acontece. Chame de bênção, chame como quiser, mas é assim, exatamente, que tem sido em minha vida, desde que aprendi a ser mais generoso.

No entanto devo ressaltar um ponto importante: não se comporte generosamente só porque pensa que receberá algum retorno. Essa é a motivação errada. Você deve se sentir feliz com a ideia de não receber nada em troca de sua generosidade. Vanessa e eu ajudamos algumas pessoas que nem sequer se lembram de dizer obrigado. Mas são como são. Não sou generoso na expectativa de receber alguma recompensa – na verdade, o que acontece é o contrário. Creio que, agindo assim, você vai descobrir que a alegria de dar é muito maior do que a de receber qualquer coisa que seja em troca.

Nossa filha Jade, que acabou de completar 14 anos, encheu-nos de orgulho quando demonstrou ter realmente aprendido muito bem esse princípio. Jade frequenta um grupo jovem local. Uma vez por ano, eles têm o dia que chamam de *reach*, quando os jovens vão à comunidade e ajudam no que for necessário. Como parte do processo, foi determinado que cada membro do grupo procurasse patrocinadores para o projeto. Aquele que conseguisse a maior quantia em dinheiro ganharia uma pequena bicicleta motorizada.

Jade ficou interessadíssima. Como queria muito a bicicleta, solicitou a ajuda do máximo de pessoas possível. Levantou uma quantia incrível, tornando-se séria candidata ao prêmio.

No entanto, nessa época, Jade ouviu dizer que um garoto do grupo passava por um momento particularmente difícil com a separação dos pais. Ele também tentava incansavelmente conseguir patrocinadores, porque queria com todas as forças ganhar a bicicleta.

Um dia, Jade veio a nós e fez uma sugestão que nos tornou os mais orgulhosos pais do planeta. Queria dar ao garoto o dinheiro que tinha levantado, para que fosse o vencedor na busca de patrocínio. Ela percebeu que ele passava por uma fase difícil e queria levar-lhe um pouco de alívio. Aquela foi a melhor maneira em que pôde pensar. Entendia que, como tudo ia extremamente bem com ela, seu dinheiro poderia transformar em realidade o sonho de outra pessoa. Jade compreendeu o verdadeiro princípio da generosidade, ou seja, não se trata do que você dá, mas de por que você dá.

Acredito que existem dois tipos de pessoas no mundo: aquelas que acumulam riqueza e bens materiais, o que lhes dá um falso sentimento de segurança; e aquelas que usam a riqueza e a generosidade para melhorar não somente suas vidas, mas a vida alheia.

A meu ver, as pessoas verdadeiramente bem-sucedidas e generosas são as que compartilham sucesso e riqueza, deixando sua marca no mundo em que vivem. (Widener, 2002)

Quando descobrimos que o dinheiro não traz necessariamente felicidade e que serve como apoio para nós, assim como para os que nos rodeiam, podemos alcançar um nível de vida melhor.

Pense nisso. Imagine felicidade e riqueza colocados no mesmo plano. O que aconteceria se perdêssemos todo o nosso dinheiro? Estaríamos desgraçados, incapazes de experimentar qualquer tipo de felicidade até recuperar a fortuna. O dinheiro facilita a vida pela perspectiva do conforto, mas conheço muita gente que não tem muito e, ainda assim, vive extremamente feliz e satisfeita.

Se você melhorar de vida em termos financeiros, procure não esquecer como eram as coisas antes. Quero dizer com isso que muitas pessoas, ao atingirem um nível mais alto de riqueza, comportam-se como se fossem superiores ao resto do mundo. Ao não se esquecer de onde vem, você abre seu coração para aqueles que estão onde você estava. Com isso, certamente tem vontade de ajudar a quem se encontra em pior situação.

Caso decida ser uma pessoa mais generosa, certifique-se de que seja tudo planejado e intencional. Assim, sua generosidade terá maior impacto. As atitudes pensadas têm maior força.

Outra possibilidade é você ter chegado a um certo ponto na vida em que gostaria de doar algum dinheiro, mas não dispor ainda de grandes recursos. Por que não fazer pequenas doações? Com o tempo, isso representaria um valor considerável. As pessoas generosas geralmente preferem doar grandes quantias de uma só vez. No entanto pequenas quantias somadas representam um total significativo no fim de um ano. Essa abordagem tem outra conveniência: não afeta tanto as finanças pessoais, o que talvez acontecesse no caso de grandes quantias.

A vontade de resolver as injustiças do mundo é praticamente um sentimento comum a todos nós, mas não esqueça que a generosidade começa em casa - com a família e os amigos. Tome a iniciativa de pagar o almoço. Ofereça-se para pagar o café. Isso pode dar início a uma cultura de generosidade em seu círculo de relacionamento.

Sendo filho de pastor, recebi de meu pai, desde a infância, uma sólida orientação. Um dos princípios mais poderosos que aprendi com ele, que me fez chegar aonde estou hoje, é "você colhe o que semeia". O que você lança volta para você. Assim, se desejo uma vida mais generosa, preciso distribuir generosidade.

Veja também se não está fazendo exigências em relação à generosidade. O que quero dizer é: não lembre às pessoas que as ajudou e que é chegada a vez de o ajudarem; não exija que sejam tão generosas quanto você foi com elas. Se resolverem não ajudar você ou alguém que necessite, problema delas - vão receber o mesmo tratamento quando precisarem. Não permita, porém, que as atitudes alheias impeçam sua generosidade.

Sei que já disse isso neste capítulo, mas vale a pena repetir. Não existe nada pior do que uma pessoa lembrar que pagou o almoço na vez anterior, ou que ajudou você a sair de uma encrenca, e dizer: "Agora você está me devendo."

A generosidade nem sempre vem naturalmente. Às vezes, é preciso treino. Para ser honesto, devo dizer que, para mim, não foi natural. O início foi difícil.

O fato de, aos 25 anos, ter no banco apenas 1,25 dólar fez com que me empenhasse totalmente em não retornar àquela posição financeira. Até perceber que estava atrasando a mim mesmo, tive de treinar a generosidade.

Faça rapidamente uma pequena experiência. Aperte um de seus dedos por alguns segundos, com o máximo de força possível. Você logo verá que impediu o sangue (a vida) de circular nesse dedo. A mesma coisa acontece quando você se apega demais ao dinheiro: acaba por lhe tirar a vida. Às vezes, é preciso abrir mão. Os resultados podem ser surpreendentes quando você afasta o foco de si e de suas necessidades, voltando-o para outra direção.

Como já vimos, é ótimo enriquecer e alcançar um bom nível de prosperidade. Não quero que pense, nem por um instante, que digo o contrário. Ser generoso não é abrir mão de seu dinheiro; é compartilhar. Se estiver em boa situação, pense em compartilhar a riqueza e também a liberdade que conquistou. Garanto que a satisfação é imensa.

Agora, quero tratar de um princípio ao qual sempre fui fiel na vida – e pelo qual também se pautaram algumas das mais ricas e bem-sucedidas pessoas e organizações em todo o mundo.

Para mim, é uma obrigação moral doar, toda semana, 10% de meus rendimentos. Imagino alguns de vocês a exclamar: "Se mal consigo sobreviver com 100%, como vou me equilibrar com apenas 90% do que ganho?"

Aí é que está. Aposto que, se tivesse de viver só com os 90%, você aprenderia a lidar com isso. Ao aplicar esse princípio, você se predispõe a receber. É uma questão de reestruturação e reprogramação para operar em um nível mais alto.

Existem pessoas necessitadas no país e no mundo inteiro que teriam uma vida totalmente diferente com os 10% que você pode doar. Não é preciso trabalhar diretamente com elas; você não tem de estar fisicamente na África para alimentar os pobres. Tudo o que precisa fazer é uma escolha consciente: a escolha de iniciar o ciclo, dando um pouco do que entra em seu bolso a cada semana. Ponha na cabeça que 90% de tudo o que ganha é seu. Os outros 10% nunca foram. Assim, fica mais fácil de entender.

PROPÓSITO

Em minha opinião, tudo se resume ao propósito. Sem propósito, qual é o sentido da vida? Claro, podemos viver para nós mesmos, o que é uma reação perfeitamente natural, mas certamente deve haver um propósito maior para nossa presença neste planeta.

Temos todos de encontrar um propósito na vida. Para alguns, será cuidar de doentes; para outros, educar os filhos; para outros ainda, entrar no mundo dos negócios. Não importa seu objetivo. O que há em comum entre todos os indivíduos deste planeta é o fato de terem um propósito.

No entanto descobrir esse propósito nem sempre é tarefa das mais fáceis – o que não significa a necessidade de você se isolar e ficar olhando para o próprio umbigo durante anos. Não é tão difícil assim. Tudo o que traga alegria à vida pode ser parte do seu propósito final. Considere também que o propósito deve incluir a ajuda a quem precisa. Eu já disse que, para muitas pessoas, a generosidade não vem naturalmente. Mas, a partir do momento em que você percebe que possui a capacidade, os meios ou o tempo suficientes, é o que há a fazer.

Depois de concluir qual é seu propósito, você deve planejar como chegar a ele. Simples, não? Isso se torna então, para o resto da vida, parte de seu plano de ataque.

Neste exato momento, você talvez pretenda atingir um nível mais alto de riqueza. Quando entende a capacidade que tem de influenciar a vida de outras pessoas com suas posses, seu foco em ganhar dinheiro amplia-se e torna-se muito mais importante. Assim, você vê que precisa conquistar mais do que havia originalmente planejado e verifica que, ao começar a agir com generosidade, torna suas necessidades maiores do que seus sonhos. É o que força você a alcançar um nível mais alto.

O propósito é realmente sua missão pessoal na vida. Os empresários conhecem a importância de uma declaração de missão, que diz ao dono, à equipe e aos clientes o que a empresa se compromete a fazer e como é sua atuação nos negócios. O mesmo se aplica à missão de cada um, que nos torna conscientes do que fazemos. Em essência, o propósito nos mantém responsáveis por nós mesmos e pela jornada que empreendemos na vida.

A missão afeta o estabelecimento de metas – e as próprias metas –, conferindo a nosso viver seu real significado.

Alguns podem pensar: "Ora, minha missão é ganhar o máximo de dinheiro que puder." Bem, pode ser ótimo, mas, a meu ver, "apenas" ganhar dinheiro não passa de um meio para atingir um fim. E é também uma solução de curto prazo. A missão precisa de sustentabilidade. Se você pretende resolver problemas de outras pessoas, vai precisar de mais dinheiro do que havia planejado quando pensava somente em cuidar das próprias necessidades.

Não me entenda mal. Não pretendo fazer você se sentir a única pessoa no mundo que pensa em si, enquanto todos os seres humanos estão por aí tentando achar meios de ser generosos uns com os outros. Eu mesmo costumava focar minhas próprias necessidades até que entendi não ser esse o caminho e comecei a agir de acordo.

Então, qual é seu propósito? Em algum momento, já parou para pensar se sua vida corre na direção certa e se suas escolhas estão corretas?

Existe apenas uma razão verdadeira para questionarmos nossas escolhas e pode ser resumida numa só palavra: propósito. Você realmente entende seu propósito? Essa é a questão! Levei muito tempo para descobrir isso.

Se você viver de acordo com a razão real pela qual sente ter vindo a este planeta - por exemplo, colocando as necessidades do próximo antes das suas, dando aos outros quando acredita precisar do dinheiro mais do que eles –, provavelmente irá contra seus instintos naturais. Generosidade é isso e mais: oferecer cada parte do seu ser, e não somente dinheiro.

Existem milhares de links na rede que levam à palavra "propósito". Quando pesquisei alguns deles, observei um detalhe comum a todos: basicamente, dizem que propósito é algo a "atingir". Descubra o seu, pois é muito poderoso.

Portanto a primeira coisa a fazer é ver o que seu propósito lhe dá. Depois, vamos discuti-lo.

O propósito é aquilo que você foca. Como já vimos, o propósito torna o indivíduo responsável e o mantém em contato com o panorama geral.

Mais especificamente, o propósito confere orientação e significado a suas escolhas.

Nesse ponto, propósito, escolha e foco são as chaves. Cada um de nós, inclusive você, possui o dom da escolha e um propósito.

Sem isso, quaisquer decisões ou escolhas podem lhe parecer, no momento, uma boa ideia. Sem uma noção sobre a direção que imprime à vida e sobre o motivo que tem para viver, suas escolhas e seu processo de tomada de decisões são acidentais, impensados e imediatistas, uma vez que você acredita não ter nada a perder.

Enquanto escrevia este livro, fui convidado a passar uma semana com um grupo de jovens australianos presos em outro país. A perspectiva de um futuro para eles era, no mínimo, desanimadora. Aprendi muito com aqueles jovens. No voo de volta para casa, pensando no caso, concluí que, se ao menos eles tivessem compreendido o propósito maior que poderiam dar a suas vidas, talvez não tivessem agido por impulso e estivessem em situação totalmente diversa.

A maioria deles jamais desenvolverá seu potencial. A oportunidade se perdeu devido aos atos que cometeram. Será que sentem remorsos ou se arrependem do que fizeram? Com certeza. Mas, infelizmente, nada mais podem fazer a respeito. Suas vidas estão definidas por decisões e atitudes anteriores. Se ao menos tivessem descoberto, antes de agir, o propósito de viver, quem sabe?

Entenda que a importância do propósito está nas escolhas que ele nos leva a fazer. Não descarte a teoria por achá-la descabida ou entusiasta demais. Cada um de nós tem um propósito e precisa focar nessa direção. Agora, gostaria de falar de você e de seu propósito.

Não faltam pessoas e websites que falam sobre o "quem", o "o que" e o "onde" dos propósitos. Pois vou dizer: a maioria errou o alvo.

Vamos examinar o que é mais comumente entendido por propósito.

Sabemos que cada um de nós tem um propósito superior, que pode ser algo positivo para muitos, inclusive gente que nem conhecemos. Algumas pessoas foram colocadas na Terra para acabar com as guerras e erradicar a fome. Pessoalmente, acredito que estamos todos aqui para "fazer a diferença"! Alguém já havia lhe dito alguma coisa assim?

Bem, respire fundo. Esse não é seu propósito.

Talvez seu propósito seja estudar, formar-se com boas notas, conseguir um trabalho estável, encontrar alguém para partilhar a vida, casar-se, ter dois ou três filhos e aposentar-se feliz aos 60 anos. Conheço muita gente que tentou isso, mas acabou por enfrentar uma vida difícil, cheia de ressentimento e pesar por causa de problemas nos relacionamentos e erros cometidos ao longo do caminho. Terão falhado, então, em seu propósito final? Creio que não.

Relaxe, este também não é seu propósito.

Talvez seu propósito seja tornar-se o melhor pai (ou mãe) do mundo para os filhos ou mesmo o melhor dos maridos (ou a melhor das esposas).

Mais uma vez, relaxe. Esse ainda não é seu propósito.

Bom, finalmente, aqui está a grande resposta que você vem procurando. Eis aqui seu propósito.

Seu propósito na vida é ser você!

Isso mesmo. Lute para ser o melhor possível. É uma questão de você se propor a alcançar seu melhor, de praticar o aperfeiçoamento pessoal a cada dia. Então, e somente então, será capaz de prosseguir na busca de maiores e melhores realizações, que podem incluir alguns dos exemplos anteriores. (Smith, 2005)

Por fim, chegamos ao seguinte: seu foco determina as escolhas que você faz na vida, e elas aproximam ou afastam você de seu propósito.

Foco é a palavra-chave do momento. Falei sobre isso em alguns de meus livros anteriores, e é possível inclusive assistir a seminários sobre o tema num fim de semana. No entanto observo um problema: as pessoas não tiram o máximo proveito daquilo que focam.

Deixe-me explicar. Sem clareza, o foco fica um tanto... desfocado. Todos precisamos ter clareza sobre o que fazemos diariamente. O foco é o "como" e o "o que", isto é, precisamos focar em "como" vamos realizar "o que" pretendemos alcançar. É aí que a clareza entra em cena. A clareza é o "por quê". A clareza no foco logo mostra se você está focando alguma coisa pelas razões certas ou erradas.

Talvez você tenha como propósito ser um pai ou uma mãe presente. Ou talvez resolver o problema da fome no mundo, ou – por que não? – ganhar 1 milhão de dólares antes dos 25 anos.

No entanto, até entender que sua necessidade primeira é ser você, nada se encaixará no lugar, pois estará fazendo o que acha que deve, e não o que sabe que deve fazer.

Então, qual é sua missão? Como encontrar seu propósito pessoal?

Tendo assimilado a necessidade de ser você, como poderá ter certeza de estar na direção de seu propósito pessoal final?

Se você ainda não sabe qual é seu propósito final, não se apavore nem se considere um fracasso. Estamos sujeitos à influência do que pensam de nós e do que fazemos da vida. Mas, quando temos um propósito claro e conciso para nossa estada neste planeta, as opiniões dos outros tornam-se irrelevantes. Elas se dissolvem, como a esteira de água que os patos deixam atrás de si ao nadar.

Quando viajei para visitar os jovens australianos na cadeia, recebi alguns e-mails desagradáveis dizendo que eu estava perdendo tempo. Se me preocupasse com as opiniões alheias, teria feito as malas e voltado para casa. Mas havia, para mim, um propósito maior do que o julgamento que poderiam fazer sobre meus atos. Estava preocupado com o bem-estar mental dos prisioneiros. Sabia que podia ajudá-los e fazer a diferença. Sabia que estar lá, naquele momento, poderia ser parte de meu propósito maior. Embora, possivelmente, não tenha sido uma atitude popular, eu estava convencido: era o que devia fazer.

Há indivíduos que pensam poder dizer aos outros o que fazer da vida, mas não parecem, eles mesmos, viver adequadamente. Portanto não permita que essas opiniões e comentários afetem suas escolhas, hoje ou no futuro.

Se você leu um de meus livros anteriores, sabe que é a única pessoa que pode dar permissão para que alguém lhe ofereça opiniões e orientações. Sair por aí falando com todo mundo até ouvir o que deseja não ajuda em nada a realização de seu propósito. Algumas vezes, suas decisões podem não ser as que qualquer outro tomaria. Isso não quer dizer que estejam erradas. Mantenha-se firme e forte ao decidir sobre o caminho a seguir. Claro que você deve ouvir outras opiniões, mas afaste-se e reflita antes de agir. Nem tudo o que faço recebe aprovação geral. Tenho de tomar decisões difíceis para manter-me no caminho da realização de meu propósito. E você vai ter de fazer o mesmo.

Desejar um certo nível de prosperidade pode ser parte de seu propósito. Pessoalmente, acredito que – uns mais, outros menos – todos temos a prosperidade como parte do propósito.

De vez em quando, sou procurado por alguém que pensa ter o direito de me dizer que ser rico é pecado ou sinal de egoísmo. Essa é uma forma pobre de pensar. A riqueza e a prosperidade financeira podem abrir possibilidades na vida dos outros. O dinheiro realmente faz o mundo girar. Então, por que não usá-lo para o bem, em vez de praticar a avareza?

Riqueza e prosperidade financeira abrem para você as portas de um mundo totalmente novo. Claro que existem alguns aspectos negativos, mas enveredar por eles é exclusivamente escolha sua.

Um dos bons aspectos da prosperidade financeira é a oportunidade de experimentar um nível maior de influência. Se usada corretamente, a influência é uma coisa maravilhosa. O problema que frequentemente muitas pessoas enfrentam é o fato de, apesar de desejarem, sentirem-se, por várias razões, incapazes de influenciar outras pessoas ou determinadas situações.

Percebo que sou capaz, agora, de exercer um maior nível de influência devido a meu sucesso passado e presente. E isso me ajuda, já que consigo hoje causar impacto em áreas que, há dez anos, estava impossibilitado de atingir.

Portanto, com a riqueza e a prosperidade financeira, vem a influência. É como um bônus que você recebe – quer queira, quer não. Digo isso para que você saiba o que o sucesso financeiro pode trazer.

Exatamente como o poder, a influência pode ser mal utilizada. Se usar a influência para ganhos próprios, creio que sua fortuna terá vida curta.

A excelência é responsável por boa parte da influência. Se você não operar em um nível de excelência, seu crescimento, em uma perspectiva financeira e pessoal, será reduzido. Em termos de prosperidade, propósito e excelência, não cabe hesitação. Não permita influências sobre seus padrões e seu comportamento ético.

Enquanto escrevia, observei, ao lado de casa, uma grande árvore ser agitada pelo vento. Ela não controla a direção do vento. Ao lado da árvore, há um poste. Ele não se movia um tantinho sequer.

Quando se trata de ética e padrões sob as perspectivas financeira e pessoal, precisamos ser como aquele poste. Não hesite nem se deixe convencer a agir e atuar de uma forma abaixo da excelência ou que vá contra suas opiniões.

Parece que ouço você perguntar: "Como se vive uma vida de influência?" É bem simples.

Primeiro, decida-se a viver esse tipo de vida. Apegue-se ao que deseja fazer, a suas convicções e ao ponto aonde quer chegar.

Segundo, entenda que uma vida influente é totalmente autorregulada. Levar ou não uma vida de influência é escolha inteiramente sua. Claro que você pode também receber a influência de outras pessoas, mas preste atenção: trata-se de uma influência positiva ou negativa? Somente você pode responder.

Terceiro, verifique, observando aqueles com quem se relaciona, se você causa um efeito positivo em suas vidas. Quero dizer com isso que, sendo influente, você vai influenciar quem está a sua volta. Simples, bem sei, mas é provavelmente o melhor autoteste disponível, quando se trata de influência.

Neste capítulo, falei bastante sobre generosidade financeira. Mas essa não é a única área em que podemos ser generosos. Vou falar rapidamente sobre outras. Antes, comentei sobre a regra dos 10%.

Caso você não esteja ainda na posição financeira adequada, pode aplicar a regra ao tempo.

Empregar generosamente seu tempo é um excelente meio de compartilhar. Aposto que existe uma enorme quantidade de instituições que adorariam receber algumas horas de seu tempo toda semana.

Há também a área da informação. Constantemente, fico chocado com o número de pessoas bem-sucedidas que decidem ser as donas do próprio sucesso e recusam-se a compartilhar informações ou conhecimento com gente que se inicia na busca de seus objetivos.

Se você alcançou sucesso, tem o ônus de dividir com outros o conhecimento adquirido, para que possam viver experiência semelhante a sua. Se for egoísta com o tempo e com as informações de que dispõe, mais uma vez se fechará para um futuro crescimento em sua vida.

Sou frequentemente procurado por gente que me pede ajuda nos negócios ou conselhos para a situação pessoal. Na maioria das vezes (e tenho de dizer "maioria" para que aqueles cuja ligação nunca retornei não fiquem aborrecidos comigo), respondo, ajudando com informação e contatos. Tenho uma regra para isso: quem é ajudado hoje tem de prometer ajudar alguém no futuro. Trata-se de criar uma atmosfera e uma cultura de generosidade e de gentileza.

No fim, tudo se resume em assumir maior responsabilidade pela consciência social. Como indivíduos financeiramente prósperos, cabe a nós - a vocês e a mim - assistir aqueles que sabemos estar em necessidade. Não cuide apenas de si.

Algumas companhias também começam a perceber que seu papel não é somente gerar maiores lucros em ações, mas tornarem-se socialmente responsáveis. Todos precisamos ter a certeza de agir com determinação e estratégia na busca da prosperidade financeira.

Vou dizer mais uma vez: seja firme e consciente em suas ações e atitudes em relação a dinheiro. Mantenha clareza de foco e comece a perceber e atender às necessidades a sua volta.

Claro que você deve lutar por seus desejos ao longo do caminho; só não deve parar por aí.

Capítulo 6

DINHEIRO NÃO É TUDO

NESTE CAPÍTULO

■ Prosperidade e potencial ■ Compreendendo seu potencial ■ Prosperidade e saúde ■ Prosperidade e relacionamentos ■ Prosperidade física, emocional e mental ■ Teen Challenge (Desafio Jovem) – uma organização próspera

Até aqui, falei de princípios que vão ajudar você a alcançar um nível de prosperidade financeira.

Muitos desses princípios se aplicam também à vida pessoal. Neste capítulo, pretendo mostrar como tal aplicação contribui para que você atinja as metas financeiras estabelecidas e opere com prosperidade em todas as outras áreas da vida.

Lembra que um dos significados apresentados pelo dicionário para o termo "prosperidade" é "evolução"? Precisamos evoluir em finanças, mas também em potencial, relacionamento, saúde e autoconfiança, para mencionar apenas algumas áreas.

PROSPERIDADE E POTENCIAL

Todos temos o potencial de alterar as condições atuais. Não importa se pretende crescer no aspecto financeiro ou no aspecto pessoal; você possui potencial para isso. Primeiro, porém, tem de compreender esse fato – componente importantíssimo na escolha da orientação a seguir.

E agora que você já sabe, vamos ver: o que é esse tal de "potencial"?

Pessoalmente, acredito ser impossível o indivíduo atingir seu potencial pleno. Calma, vou explicar. Todos os que estão lendo este livro têm um potencial enorme e não explorado, que só será desenvolvido pelas experiências de vida. Daí minhas sérias reservas em relação aos cursos que se propõem a ensinar a alcançar o potencial em um dia.

Alcançar o potencial pleno não é atingir determinado ponto; é estabelecer métodos, atitudes e ações que farão parte de sua jornada. A cada área trabalhada, outra se mostra carente de atenção, por isso nunca esgotamos nosso potencial.

Não confunda algumas metas atingidas com potencial plenamente realizado. Isso lhe daria uma falsa sensação de segurança que pode resultar na perda do foco em metas maiores e melhores do que as já alcançadas. Muita gente se deixa limitar por esse tipo de pensamento: confia cegamente em sucessos passados, acreditando serem suficientes.

Sei que não posso esperar sentado que o sucesso de minha primeira empresa me acompanhe pelo resto da vida. Eu progredi financeiramente? Aprendi sobre negócios e sobre a vida? Claro que sim. Mas esses sucessos vão me acompanhar para sempre? É provável que não. Assim, devo avançar continuamente para experimentar tudo o que a vida tiver para oferecer.

Você vem se limitando ao não usar seu potencial? Ou acha que já o alcançou plenamente?

Se você respondeu "sim" a qualquer das duas perguntas anteriores – ou às duas –, talvez tenha identificado o motivo de não haver chegado ainda aonde quer, seja pessoal ou financeiramente.

Então, onde se encontra esse potencial de que você pode lançar mão ao longo do caminho para o sucesso desejado?

Talvez eu aborreça alguns dos leitores, mas me irritam profundamente as pessoas, os artigos e livros que aconselham a "destravar" o potencial. Seu potencial não está travado nem fechado a chave. Não é algo tão exclusivo e oculto que torne necessária uma busca exaustiva pelos fatores que o farão aflorar.

Seu potencial sempre esteve aí. Ainda que não tenha percebido, você traz dentro de si tudo o que tem possibilidade de alcançar. Muito simples, não?

Mas não basta acreditar nisso. É preciso agir: concentrar esforços e começar a caminhar.

Então, agora que sabemos do potencial que todos possuímos de alcançar uma vida de prosperidade, o que fazer? Quais são os fatores que podem nos ajudar a reconhecer e utilizar esse potencial?

Primeiro, temos de entender que ele nunca se esgota. Isso é bom, devo dizer. Imagine se chegássemos a um ponto a partir do qual não houvesse mais realizações nem crescimento pessoal. Que vida sem graça teríamos então!

Algo indispensável à realização do potencial é a capacidade de aprender sempre, de acreditar na experiência como força para o crescimento e de utilizar tal experiência para influenciar as ideias, que, por sua vez, influenciam as ações. Quanto mais aceitamos novas experiências, maior a possibilidade de alcançarmos um nível mais elevado de prosperidade. Isso significa que o potencial é ilimitado: ele cresce à medida que crescemos.

Todos os dias, você tem a oportunidade de aprender alguma coisa e, quanto mais aprende, mais cresce. O que aprende você emprega em seguida e assim por diante. Cada dia representa mais conhecimento em relação ao anterior, em um efeito do tipo bola de neve, que aumenta suas chances de aproximar-se de seu potencial diário. Não cometa o erro de acreditar ser impossível alcançar tudo o que deseja só por causa de sua situação atual. Trabalhe hoje, dê o melhor de si; isso vai preparar você para o amanhã e para tudo o que ele trouxer.

É ótimo querer riqueza e prosperidade, mas compreenda o processo que existe por trás do sucesso. Talvez as coisas não sejam exatamente como você pensa.

COMPREENDENDO SEU POTENCIAL

Existem sete princípios (Tan, 2005) que vou comentar para ajudar você a entender seu potencial.

PARA ALCANÇAR SEU POTENCIAL A CADA DIA, VOCÊ DEVE TRABALHAR COM CAPACIDADE MÁXIMA. NÃO PODE SER MAIS OU MENOS.

Seu potencial é tudo o que você ainda não alcançou. Assim, precisa esforçar-se mais, cada vez mais. É uma questão de ir além.

Uma posição financeira melhor exige inteligência e muito trabalho. Se você pensa que pode repetir os mesmos procedimentos dos últimos anos, comete um triste engano. Assim, você só vai conseguir o que já conseguiu.

TUDO O QUE VOCÊ PRETENDE ALCANÇAR NA VIDA COMEÇA COM UMA IDEIA. É ISSO! BASTA UMA CENTELHA PARA FAZER DELA ALGO IMENSO.

Assim como um feroz incêndio florestal pode começar com uma centelha minúscula, sua vida pode mudar a partir de uma ideia simples. Muita gente pensa que somente uns poucos escolhidos alcançam o sucesso financeiro ou a prosperidade. Não é verdade. Aqueles que hoje são bem-sucedidos eram iguais a você e a mim no início. A diferença é que agiram conforme uma ideia que tiveram e viraram o jogo. Você tem ideias que poderiam despertar seu potencial não aproveitado?

Pergunte-se também por que você descarta suas ideias. Todos temos muito potencial, mas são poucos os que o utilizam. Você acha que os empresários mais bem-sucedidos veem a ideia inicial ou os grandes negócios que ela pode gerar? Observe o panorama geral e não se deixe envolver por questões sem importância.

Quando você se convencer de possuir o potencial para alcançar o que deseja, estará verdadeiramente a caminho do sucesso.

COMPARAÇÕES E TENTATIVAS DE IGUALAR-SE AOS MAIS BEM-SUCEDIDOS SÓ SERVEM PARA FORÇAR VOCÊ A TOMAR O CAMINHO ERRADO.

Todos nos comparamos a outras pessoas, mas por que não comparar seus resultados atuais aos anteriores? O seu potencial nada tem a ver com as realizações ou o potencial alheios. Tem a ver, sim, com o que você quer e com a direção que escolhe tomar. Quando você compara seus resultados e sua orientação com os resultados e a orientação dos outros, desvia o foco do que pretende realizar, correndo assim o risco de tomar o caminho errado, por não olhar para onde vai.

VOCÊ PRECISA ENTENDER QUE SEU POTENCIAL NÃO VAI SER ALCANÇADO DA NOITE PARA O DIA.

Você precisa entender uma coisa. Vivemos em um mundo que exige tudo para já. É café instantâneo, mensagem instantânea e até serviço quase instantâneo nos restaurantes do tipo *drive-through*. Queremos tudo para ontem. Vamos nos tornando pessoas impacientes, em especial quando se trata de alcançar a prosperidade financeira. Isso nos faz procurar atalhos, em vez de tomar o caminho correto.

Nunca pretendi que minha primeira empresa se tornasse um sucesso da noite para o dia. Eu sabia que ia precisar de tempo e trabalho árduo. O mesmo se aplica à utilização do potencial. Portanto convença-se de que você tem uma jornada pela frente, e não uma viagem de uma noite apenas.

PARE DE OLHAR PARA TRÁS. O PASSADO É PASSADO.

Qualquer um de nós, ao olhar para o passado, pode encontrar fracasso e desapontamento. É preciso ser uma pessoa extraordinária para enxergar o próprio potencial de superar erros passados, de considerar tristezas e desapontamentos como lições valiosas. Quando examinar o que não deu certo para você no passado, procure ver claramente o que precisa melhorar e o que não deve repetir.

Quanta bagagem do passado você carrega? Até que ponto esse peso extra atrasa ou impede seu progresso? Assim como Mike, no segundo capítulo, você precisa resolver questões passadas antes de seguir adiante. Permita-se avançar. Algumas pessoas pensam ter a obrigação de carregar bagagem do passado. Livre-se dela e vá em frente!

VOCÊ SÓ PODE CONSIDERAR-SE UMA PESSOA BEM-SUCEDIDA QUANDO AJUDA OUTRAS A ALCANÇAR UM CERTO NÍVEL DE SUCESSO.

Compreenda que, ao ajudar o outro a alcançar o próprio potencial, você consegue perceber a grandeza do seu e vê que vale a pena compartilhá-lo, abrindo-se a uma forma inteiramente nova de prosperidade.

O PROBLEMA PODE ESTAR NA NECESSIDADE DE DESISTIR DE ALGUMA COISA.

Talvez seja preciso desistir de alguma coisa – amizades, orientações ou até processos de raciocínio. Mas de alguma coisa você vai ter de desistir com certeza. Não está de acordo? Pois vou lhe fazer só uma pergunta: se você tivesse, neste momento, tudo o que é necessário para alcançar um nível mais elevado de prosperidade, já estaria lá? O que temos perto de nós – atitudes, ações ou mesmo amigos íntimos – podem ser as verdadeiras razões para não termos ainda "subido" na vida.

PROSPERIDADE E CONFIANÇA

Para crescer em prosperidade, é preciso muita confiança. Se você não confia na própria capacidade de prosperar em todas as áreas da vida, é bem provável que jamais consiga o que deseja.

Recentemente, eu assistia a uma partida de rúgbi de que participava minha equipe favorita, Newcastle Knights. O time não vinha se saindo bem na temporada; na verdade, era o último na classificação. O principal jogador estivera afastado de vários jogos por causa de uma contusão, e aquela partida marcava seu retorno ao grupo.

Seu talento e determinação me encantaram. Mas o que mais me chamou a atenção foi sua incrível autoconfiança. Ele sabia que se sairia bem. Sabia que cabia a ele conduzir o time a uma situação melhor e completamente diferente.

O indivíduo seguro de si torna-se atraente de muitas maneiras. Sua autoconfiança atrai as pessoas para suas ideias, atitudes e resultados. Quase todo mundo quer fazer parte da vida de um indivíduo assim. Mas é preciso que se diga: quem é seguro de si quer ser cada vez mais; o desenvolvimento da autoconfiança é um processo constante. Uma pessoa segura realiza mais do que a insegura. Todos precisamos desenvolver a autoconfiança. Talvez você pense que as pessoas seguras de si já nascem assim. Eu discordo. Trata-se de uma característica a ser – e deve ser – desenvolvida.

Na busca por uma autoconfiança mais sólida, acredito em considerar e enfocar três áreas principais. Quando se age assim, todo o resto parece fazer muito mais sentido. É o que chamo de princípio RVC. Você tem todo o direito de perguntar: "O que quer dizer RVC?"

R = RECONHEÇA

V = VISUALIZE

C = CAPITALIZE

Vamos dar uma olhada em cada um desses aspectos, que são responsáveis pelo desenvolvimento da confiança em todas as partes da vida.

RECONHEÇA

Para alcançar um nível de autoconfiança mais alto, você tem de reconhecer o ponto onde se encontra no momento. Reconheça e compreenda também quais foram os atos que o trouxeram à situação atual. Use de total sinceridade. Decisões equivocadas às vezes custam mais a uns do que a outros, mas a verdade é que todos precisamos entender o que nos levou a determinada circunstância. Ao examinar e reconhecer essas razões, você se obriga a analisar problemas, atitudes ou padrões de comportamento, antes de caminhar rumo ao sucesso desejado. Sem encarar os problemas, não há como corrigir.

VISUALIZE

Trabalhados os problemas que impedem seu progresso, você deve elaborar um plano de curso, adotando a melhor orientação. Esse é o momento de visualizar o resultado. Mas não me entenda mal. Não quero dizer que você passe meses em atitude contemplativa diante do próprio umbigo, à espera de que saia alguma ideia de dentro dele! Minha sugestão é no sentido de que você visualize a cena em que alcança o que deseja e pense no que precisa fazer para chegar lá.

Muita gente deseja um nível mais elevado de prosperidade, sem, no entanto, saber o que isso significa ou como vai sentir-se ao conseguir. Aprenda a imaginar. O cérebro é uma ferramenta poderosa. Não o subutilize. Não o deixe "desligado". Albert Einstein disse: "Imaginação é mais importante do que conhecimento." Pura verdade. A visualização não é garantia de sucesso. Mas funciona, favorecendo o senso de direção e de ambição.

CAPITALIZE

Depois de reconhecer a necessidade de mudanças e visualizar o que deseja, lembre-se de trabalhar isso. A prosperidade não vem de mão beijada. É preciso trabalhar e esforçar-se. Cabe a você capitalizar, ou seja, tirar partido da frustração que sente por sua situação atual. Cabe a você aproveitar o fato de que, agora, já tem uma ideia do que fazer para alcançar o sucesso. Assuma o controle de sua jornada.

Então, como vimos, se trabalhar para melhorar a autoconfiança, você pode melhorar também os resultados, o que, por sua vez, representa um passo na direção de um nível mais elevado de prosperidade.

Vamos passar em revista outras áreas da vida em que você precisa prosperar. Lembre-se: prosperidade não se resume a ganhar dinheiro. Toda a sua vida deve experimentar a prosperidade. Se você trabalhar apenas determinada área, as outras vão ficar fracas e carentes e talvez impeçam seu sucesso.

PROSPERIDADE E SAÚDE

Ao empreender a jornada em direção a uma vida de prosperidade, você precisa garantir boas condições de saúde.

Muita gente que dá tudo de si para alcançar a liberdade financeira não consegue entender por que, depois de certo tempo, parece não ter a força de antes. Pois talvez seja tudo uma questão de saúde.

Assuma essa parte da vida. Somente você pode responder pelo seu estado de saúde; ninguém mais.

Minha agenda de viagens e palestras me obriga a uma constante vigilância sobre a saúde. Reconheço a dificuldade de fazer diariamente as escolhas adequadas em relação à saúde, em especial quando são muitas as tarefas a cumprir. Mas há necessidade de prosperar nessa área, pois uma saúde precária pode ser a razão de deficiências em outras áreas.

PROSPERIDADE E RELACIONAMENTOS

Todos temos pessoas com quem convivemos – sejam parentes ou amigos – sempre por perto.

Relacionamentos às vezes tomam tempo e dão trabalho, mas, para prosperar na vida, há necessidade de relacionamentos prósperos, que se formem, cresçam e sejam bem-sucedidos.

Se não houver investimento de tempo e esforço nos relacionamentos, talvez os resultados de suas tentativas de melhorar a saúde fiquem muito longe do ideal.

Existe, porém, uma grande diferença entre aspirações financeiras e relacionamentos. No caso das aspirações financeiras, pode haver um intervalo, até que se receba o retorno. Mas, no caso de amizades e relacionamentos, quando se visa a um resultado próspero, o retorno é quase imediato. Se você investir (e eu disse você) naqueles com quem convive, receberá respostas imediatas. Essas respostas, por sua vez, podem

– e vão – determinar sua próxima resposta. Não é preciso muito tempo para perceber se seus relacionamentos e amizades serão prósperos.

Digo isso porque nem toda amizade e nem todo relacionamento vão dar certo. Na verdade, a atração por determinado tipo pode estar fazendo de você uma pessoa competitiva ou, de certo modo, pior no relacionamento. A prosperidade é impossível quando se tenta manter uma amizade em tal ambiente. Examine o tipo de pessoa com quem você passa mais tempo; podem estar aí as razões de você ainda não ter alcançado sucesso na vida.

Cerque-se de pessoas com quem tenha afinidade de ideias – gente que não esteja comprometida apenas com o próprio sucesso; gente disposta a ajudar você ao longo do caminho. Quem se cerca de pessoas egoístas recebe delas atitudes típicas de quem só se preocupa consigo. Quem se cerca de pessoas generosas recebe o incentivo de praticar a generosidade. Sendo quem é, você tem a possibilidade de influenciar a vida daqueles com quem convive. Portanto certifique-se de dar o que gostaria de receber.

PROSPERIDADE MENTAL, EMOCIONAL E FÍSICA

Quando se trata de prosperidade, não adianta pensar só em dinheiro. Se você não trabalhar todas as áreas da vida, suas ambições financeiras podem acabar sendo apenas isso... ambições!

Ao lado do potencial, da autoconfiança e da saúde, três outros estados devem estar em alinhamento para garantir o avanço rumo à prosperidade. Não é bom desejar um estado físico de prosperidade sem trabalhar igualmente o estado mental. Para alcançar a prosperidade duradoura, é preciso alinhar as ações com o estado físico, mental e emocional.

Tudo isso parece senso comum, é verdade, mas você se surpreenderia ao saber quantas pessoas se concentram em uma ou duas dessas áreas ou permitem que suas ações determinem seu estado mental ou emocional.

Você se considera uma pessoa mental, emocional e fisicamente pronta para uma vida próspera? Faça-se essa pergunta antes de alcançar um ponto de prosperidade. Compreenda que prosperidade traz responsabilidade.

Vamos examinar melhor a prosperidade mental, emocional e física.

PROSPERIDADE MENTAL

Você já escreveu o que deseja?

É incrível a força do pensamento. O pensamento se reflete nas ações, que, por sua vez, se refletem nos resultados. De vez em quando, seu pensamento lhe dá a impressão de que as coisas são muito difíceis e que é melhor desistir; daí a necessidade de um plano de apoio. Tenho um método que costumo usar quando atuo como mentor.

Primeiro, escreva quais são suas metas e ambições. Então, quando seu cérebro disser “desista”, pegue o papel escrito, leia e recorde o que quer. Aposto como esse papel vai fazer as coisas caminharem novamente.

Às vezes, precisamos enganar o cérebro para que ele pare de nos tentar fazer desistir. Aprenda a concentrar-se no que você quer, em vez de enfocar os motivos pelos quais as coisas não acontecem.

PROSPERIDADE EMOCIONAL

Em minhas viagens, já tive contato com muita gente emocional. São pessoas cujas metas e ambições parecem estar sempre à mercê do humor do dia. Se você pretende alcançar um nível de prosperidade, tem de colocar as emoções em ordem. Autoimagem, autoestima e postura diante da vida influenciam sua jornada rumo a um nível mais elevado de prosperidade.

Claro que nem tudo vai dar certo sempre. Compreenda isso e você terá muito mais capacidade para lidar com as situações difíceis que porventura surgirem. Jogar-se no chão do quarto quando alguma coisa não sai de acordo com os planos não ajuda em nada.

Pode ser desgastante acompanhar os altos e baixos das emoções. Por isso, acredito em tirar uma folga de vez em quando, nem que seja por um ou dois dias, para refrescar a cabeça e recomeçar.

PROSPERIDADE FÍSICA

Ideias e ações são fatores importantes a observar no caminho para a prosperidade, mas não deixe de considerar o aspecto físico. Primeiro, a estrada é acidentada e cansativa. Se estiver bem fisicamente, você terá muito mais chances de não desanimar.

Segundo, existe o aspecto físico do trabalho. Se você não entende de algumas áreas, procure quem entenda. Não espere que alguém lhe dê a mão e o conduza a um nível mais elevado de prosperidade. Depende de você, só de você. Aprenda ao longo do caminho e procure explorar oportunidades, aliando-se àqueles com quem tiver afinidade.

TEEN CHALLENGE (DESAFIO JOVEM) – UMA ORGANIZAÇÃO PRÓSPERA

Agora, quero mostrar um exemplo de organização que aplica tudo o que você aprendeu neste livro.

Há muitos anos, envolvi-me com a Teen Challenge NSW Inc., investindo nela tempo e dinheiro, pois vi pessoalmente os resultados alcançados.

Aponto essa organização porque, ao ver que pessoas em situação muito pior do que você e eu conseguem fazer mudanças radicais e prosperar em todas as áreas da vida, sei que vai entender: “Se eles conseguem, por que não eu, que tenho melhores condições?”

A Teen Challenge (Desafio Jovem) assiste jovens dependentes de drogas. O programa procura atender às necessidades da pessoa como um todo, eliminando assim hábitos de autodestruição. Isso significa não somente tratar o abuso de drogas, mas recuperar a autoimagem, a ética e os relacionamentos.

A Teen Challenge entende o princípio da prosperidade da pessoa inteira; eles não reparam uma área apenas. A organização entende também que, quando se tira de alguém alguma coisa de que dependeu durante anos, é preciso substituí-la por outra. Essa "outra coisa" é representada pela esperança, pela aceitação e pela compreensão de que é possível prosperar em todas as partes da vida.

O índice de sucesso documentado da organização na tarefa de afastar os jovens de substâncias ilegais (sem a utilização de qualquer outra droga) é da ordem de 78%. Eis aí um sucesso a ser aplaudido.

Tenho duas razões para partilhar esse exemplo com você.

A primeira é que você precisa, assim como a Teen Challenge, aplicar o que acabou de ler. Todos sabemos que estamos cercados de circunstâncias das quais devemos nos livrar – seja uma atitude pouco saudável, o medo do fracasso ou o desconhecimento da própria capacidade de conseguir uma vida próspera. Você deve remover os obstáculos de seu caminho, substituindo-os por um reforço positivo do que pretende alcançar.

Se você não substituir o obstáculo por algo positivo, de modo que se aproxime do nível de prosperidade desejado, terá apenas deixado espaço para a instalação de outra situação negativa.

A segunda razão pela qual menciono a Teen Challenge é: se você ainda não encontrou uma instituição que realmente faça a diferença, dê uma olhada na atuação desta. Não preciso fazer propaganda, pois os resultados da Teen Challenge servem de prova.

Capítulo 7

O CARÁTER INFLUENCIA O NÍVEL DE PROSPERIDADE

NESTE CAPÍTULO

- Mentalidade de campeão
- A mentalidade da pessoa bem-sucedida
- Os traços do caráter que favorecem a prosperidade

Já tratamos de diversas áreas – generosidade, propósito, superação de problemas financeiros anteriores e maneiras de atingir o potencial. Mas tudo pode ir por água abaixo se você não trabalhar seu caráter. Caráter é o que você é quando ninguém está olhando. É o que faz você ser você!

Se o que você deseja costuma não se realizar, talvez – eu disse talvez – seu caráter tenha alguma coisa a ver com isso.

Todos nascemos com características diferentes, boas e más. A boa notícia é que ninguém é obrigado a carregar traços negativos pela vida toda. Trabalhe as áreas que atrasam seu progresso. Essas áreas giram em torno de seu caráter? Pois este capítulo está aqui para ajudar a reorganizar essa parte de sua vida.

A prosperidade financeira é limitada e definida por seu caráter. Um caráter questionável limita o que o indivíduo pode alcançar em longo prazo. Se não trabalhar seus problemas de caráter, você vai sofrer um fracasso atrás do outro.

Claro que qualquer um pode ganhar dinheiro, mas é preciso ser uma pessoa íntegra para "manter a bola rolando": expandir os negócios sem andar para trás.

Não pense que é possível cuidar das questões do caráter mais tarde, "quando tiver tempo". Todo o processo de alcançar prosperidade financeira, ganhar mais dinheiro ou atingir outro nível de sucesso depende do caráter – e nele se apoia.

Existem muitos "espertinhos" por aí, não apenas no mundo dos negócios, mas também na vida pessoal. Você conhece o tipo: gente que procura manipular as situações ou armar esquemas para progredir financeiramente. Embora a maioria nunca passe do primeiro degrau da escada, um ou outro parece experimentar algum sucesso. A boa notícia para nós, indivíduos honestos, é que, mais cedo ou mais tarde, a vida dos "espertinhos" desaba, ficando no mesmo nível de seu caráter.

Não gosto de saber que alguém perdeu tudo porque foi roubado, nem me associo a vigaristas que atuem em tal nível. Não vou deixar que meu caráter (minha reputação) seja infectado por essas pessoas. Cuide para não correr o risco de deixar-se contaminar por esse tipo de associação.

Lembre-se: você pode acabar igual àqueles com quem anda.

Outra área cuja compreensão é importante é a mentalidade. Não pense que vou despejar sobre você todo aquele blablablá. Quero apenas apontar outro aspecto de importância crucial para o sucesso sustentável em sua jornada financeira.

Para definir *mindset* , termo aqui traduzido como "mentalidade", fui ao *Encarta Dictionary* (são poucos os dicionários em que se encontra essa palavra). O *Encarta* define: "convicções que afetam a atitude de alguém; conjunto de crenças ou modo de pensar que determinam a postura e o comportamento do indivíduo".

Sua mentalidade determina até onde você vai e o que conseguirá realizar. Quem pensa pequeno só consegue coisas pequenas. Quem pensa grande pode alcançar grandes realizações.

Lembre-se, porém, de que uma mentalidade "grande" não garante automaticamente sucesso na vida. É preciso agir de acordo. O segredo aí é a ação. Mas voltaremos a falar disso no capítulo final.

Se você tem grandes sonhos, mas sua mentalidade é acanhada, o efeito será mais ou menos como tentar enfiar uma melancia dentro de uma garrafa: impossível. Fruta grande, gargalo pequeno. Agora, coloque no contexto: grandes sonhos, mentalidade pequena. Percebe onde podem estar seus problemas?

MENTALIDADE DE CAMPEÃO

Campeões possuem um certo tipo de mentalidade - mentalidade de campeão, é certo –, mas também a característica de recusar-se a deixar que um fracasso interrompa seu progresso. Gente bem-sucedida também é assim. Nem tudo que fiz deu certo para mim. Mas eu segui adiante. Não me prendo por muito tempo ao que não funciona. Os insucessos também fazem parte da jornada.

Você acha que os campeões acordam um belo dia com a ideia: "Hoje vou ser um campeão"? Não, eles sabem que o sucesso exige tempo, suor e muitas lágrimas. Não se esqueça disso em seu caminho rumo à prosperidade.

A mídia nos bombardeia constantemente com histórias de gente bem-sucedida. O problema é que a mídia tende a focalizar apenas os aspectos exteriores do sucesso; as frustrações e os desapontamentos nunca vêm a público. Isso é uma pena, pois acredito que temos muito mais a aprender com desapontamentos e frustrações do que com o montante de dinheiro e sucesso alcançados.

Todos temos esse campeão dentro de nós. Só nos falta encontrar, treinar e deixar sair o campeão. Ninguém é especial. Quem alcançou o sucesso em nada é melhor do que outro que ainda não "chegou lá".

No entanto existe um fator comum às pessoas bem-sucedidas que não se encontra nas que não conseguem alcançar o sucesso. Sabe o que é? Seria a determinação? Não. Muita gente determinada não chega ao sucesso. Seria a persistência? Não. Muitos persistem a cada dia, e nada. Seria o desejo? Todos desejamos uma vida melhor.

Tudo pronto para a resposta?

Pois bem, a resposta é... sorte! Sim, isso mesmo. Tudo se resume à sorte – a estar no lugar certo, na hora certa e aproveitar a oportunidade do momento. Hoje pode ser o dia em que você vai ter a chance de alcançar um nível mais alto na vida. Mas só depende de você. Seu caráter exerce um papel importantíssimo.

Vou contar uma história que demonstra a importância do caráter e da mentalidade sobre nossa maneira de ver as coisas boas e más.

Um fazendeiro chinês arava os campos do povoado onde vivia. Só havia um cavalo para fazer o trabalho, e era responsabilidade dele cuidar do animal, tratando-o e alimentando-o. Sem o cavalo, que era o trabalhador mais dedicado com que contavam, os habitantes seriam obrigados a um esforço ainda maior do que aquele que já despendiam em seus afazeres.

Certo dia, enquanto o fazendeiro cuidava do solo, o cavalo se soltou, fugindo em direção às montanhas. Vários habitantes do local se juntaram e saíram à procura do animal, mas não o encontraram. O fazendeiro voltou ao povoado e contou ao pessoal reunido o que tinha acontecido. No fim do relato, alguém disse:

– Que má sorte!

O fazendeiro pensou por um momento e respondeu:

– Má sorte, boa sorte, quem sabe?

Sem ter outra atitude a tomar, os habitantes do povoado se dispersaram e retomaram as tarefas do dia.

No dia seguinte, todos estavam ocupados cuidando da terra, quando alguém apontou lá ao longe o cavalo voltando a galope. Mas não vinha só; era seguido por dois outros um pouco menores. O pessoal se entusiasmou. Três cavalos seriam de grande utilidade! Alguém gritou para o fazendeiro:

– Isso é que é boa sorte!

Mais uma vez, o fazendeiro pensou por algum tempo e depois respondeu calmamente:

– Boa sorte, má sorte, quem sabe?

Os trabalhadores recolheram os animais, colocaram-lhes os arreios e voltaram ao trabalho.

Na semana seguinte, o fazendeiro cuidava da terra, auxiliado pelo filho, quando um dos cavalos recém-chegados assustou-se com algum bichinho na plantação e, em pânico, levantou as patas traseiras em um fortíssimo coice. O filho do fazendeiro, que estava perto do animal, recebeu todo o impacto na parte inferior do corpo – tão forte que teve uma perna quebrada.

Os trabalhadores correram para descobrir o motivo da movimentação. Ao ver o filho do fazendeiro caído ao chão, com uma perna quebrada, um deles exclamou:

– Isso é que é má sorte!

Novamente o fazendeiro pensou antes de responder:

– Má sorte, boa sorte, quem sabe?

Cerca de três semanas mais tarde, representantes do exército foram ao povoado recrutar jovens para suas fileiras. Ao chegarem à casa do fazendeiro, viram que seu filho, de perna quebrada, não poderia juntar-se às tropas e decidiram poupá-lo. Um vizinho, ao saber do acontecido, disse:

– Que boa sorte!

Mais uma vez, a resposta do fazendeiro foi:

– Boa sorte, má sorte, quem sabe?

Talvez você se pergunte o que pretendo ao contar essa história. Muito simples: quando alguma situação não corresponde aos planos ou alguma coisa ruim ocorre, nunca se sabe o bem que pode vir daí. A vida às vezes nos deixa diante de situações complicadas. Se desistirmos, se jogarmos a toalha e passarmos o tempo todo reclamando, nada vai mudar. Temos de nos recuperar e voltar à luta. Coisas boas e coisas ruins acontecem. A melhor maneira de conhecer as pessoas é observar sua atuação, não somente nos momentos ruins, mas também nos bons; é neles que o verdadeiro caráter se mostra.

Digamos que, neste momento, você se encontre em uma situação nada agradável. Sua visão do que acontece é uma indicação direta do tempo que você vai demorar para sair da enrascada. Até que ponto seu caráter foi afetado pelos tempos difíceis que você viveu?

Muita gente tem a sorte batendo à porta, mas não aproveita simplesmente porque sua mentalidade e seu caráter não estão alinhados. Com mentalidade e caráter preparados, as coisas se ajeitam sem muito planejamento. Às vezes, é assim que o sucesso acontece. Mas, quando o caráter está abaixo do que se pode chamar de digno ou verdadeiro, sucesso e sorte vão embora tão rapidamente quanto chegaram.

A MENTALIDADE DA PESSOA BEM-SUCEDIDA

Todo dia, você tem de trabalhar sua mentalidade. Quer dizer: é preciso aprender a operar em um nível mais elevado, melhor do que nunca. E como melhorar a mentalidade? Qual é a diferença entre o que fazem as pessoas bem-sucedidas, que vivem na prosperidade, e as pessoas comuns?

Gente bem-sucedida não fica bem-sucedida de uma hora para outra. O sucesso é resultado de muito esforço e trabalho árduo por longos períodos de tempo. O que faz essas pessoas se destacarem da multidão são suas atitudes – quem são e como agem. Gente bem-sucedida tende a possuir uma mentalidade que permite atuação em alto nível.

O que as pessoas financeiramente bem-sucedidas têm ou fazem que você ainda não tem ou faz? Para descobrir essa resposta, vamos analisar a mentalidade de algumas pessoas bem-sucedidas que conheço pessoalmente.

EXPANDEM CONSTANTEMENTE SUA ZONA DE CONFORTO

Acredito piamente em melhorar o que faço hoje, assim como o que fizer no futuro. Sei que essa afirmativa pode soar um tanto confusa, mas vou explicar. Muita gente sabe aonde pretende chegar e o que pretende conseguir, mas... e depois? Essas pessoas julgam que, por serem ambiciosas, suas metas as levarão aonde querem ir e não fazem plano algum para o que virá em seguida. Então, alcançam rapidamente o ponto desejado, mas estacionam aí. Todos precisamos levantar os olhos das metas atuais para as metas "e se..." E se você conseguir tudo o que deseja? E se o sucesso for maior do que você pensava? Quando você percebe que sua zona de conforto é apenas temporária, suas chances de melhorar e crescer constantemente aumentam em muito.

SUPERAM SEUS LIMITES ÓBVIOS

As pessoas frequentemente restringem seu sucesso porque enxergam somente as razões pelas quais nada vai dar certo para elas. Todos temos nossos limites. O que precisamos é de uma mentalidade que se mantenha forte diante do que a vida nos apresentar, seja a situação financeira, moradia, educação ou qualquer coisa em que conseguirmos pensar. Com mentalidade forte, você alcança o nível desejado de sucesso e prosperidade, quaisquer que sejam os obstáculos do caminho.

Claro que os indivíduos bem-sucedidos que conheço tiveram de enfrentar grandes e pequenos obstáculos. Mas não deixaram que esses obstáculos determinassem seu futuro. Ainda que sem uma educação formal ou dinheiro para começar, ainda que tenha passado por milhões de empregos, você só vai realizar seu potencial pleno quando perceber os obstáculos como sinais de progresso, e não como placas de parada.

NUNCA DESCANSAM SOBRE OS SUCESSOS DO PASSADO

Não é porque você alcançou um certo nível de sucesso no passado que todos os seus empreendimentos daqui por diante serão obrigatoriamente bem-sucedidos. Não sei quanto a você, mas eu já encontrei muita gente que vive do sucesso de anos atrás. É ótimo que essas pessoas tenham obtido realizações, mas precisam construir sobre uma plataforma estabelecida para seguir adiante.

Assim como vimos em relação a seus erros antigos, seus sucessos antigos estão exatamente no mesmo lugar: no passado! Precisamos aprender com os sucessos anteriores para garantir que as futuras realizações sejam maiores, mais sólidas, melhores e mais inteligentes.

NÃO DESISTEM ATÉ ENCONTRAR A RESPOSTA DO PROBLEMA

Você já teve um problema tão grande que desistiu de solucioná-lo ou de encontrar a resposta? As pessoas realmente bem-sucedidas se superam nessas circunstâncias. Elas até gostam quando a situação se complica - assim, têm algo para resolver.

Sucesso não é solucionar primeiro o problema; é não "jogar a toalha" quando as coisas ficam difíceis. Sua mentalidade deve ser semelhante à do cachorro quando pega um osso. Se o problema estiver muito complicado, afaste-se por algum tempo e depois volte, com uma nova perspectiva. Se não der certo, peça a opinião de alguém em quem confie. Você pode surpreender-se com o ponto de vista de quem vê a questão de fora. Gente bem-sucedida não desiste até encontrar a solução.

A mentalidade determina a prosperidade em termos financeiros e em todos os aspectos da vida. Com certeza, você conhece muitos exemplos para acrescentar àqueles que dei. O importante é não pensar que sucesso, riqueza ou, como gosto de dizer, prosperidade vêm do nada e são fáceis de administrar. Essa é uma ideia totalmente incorreta.

OS TRAÇOS DO CARÁTER QUE FAVORECEM A PROSPERIDADE

Já vimos como a mentalidade do indivíduo afeta os resultados que ele obtém. Mas quais são os traços do caráter comuns aos bem-sucedidos? O que os leva ao máximo da capacidade? O que as pessoas financeiramente bem-sucedidas têm ou fazem e que você não tem ou não fez ainda?

Quero passar uma lista de traços do caráter que talvez você não considere característicos, mas vou demonstrar que são essenciais ao sucesso e à prosperidade. Todos precisamos deles se pretendemos "chegar lá".

O nível de prosperidade alcançado na vida está ligado a qualidades de liderança. Muita gente pensa que a liderança se limita a situações profissionais. Na realidade, porém, a pessoa mais capacitada a liderar você rumo ao sucesso é... você. Não estar preparado para liderar a si mesmo é como abrir as portas à liderança alheia. Quando se trata de mim, não quero estar à mercê dos outros. Quero estar no comando de minha vida e da orientação que sigo.

Seu caráter compõe quem você é. Portanto, quanto melhor seu caráter, maiores as chances de sair-se bem em tempos difíceis. Por isso, precisamos desses traços de caráter e de muitos mais. Escolhi alguns como exemplo, mas estou certo de que você será capaz de acrescentar muitos outros.

ÉTICA

Há um modo certo e um modo errado de tratar a caminhada rumo a níveis mais altos de sucesso e prosperidade. Em termos de ética, a economia leva ao erro. O fato de ser mais curto não torna o caminho correto e digno. Se você trair seu ponto de vista ético, tudo o mais vai sair perdendo. A ética é a espinha dorsal do que você é como ser humano.

COMPROMISSO

O compromisso com propósitos e desejos é essencial a um nível mais elevado de sucesso. Quando você assume um compromisso, encontra meios de contornar dúvidas e problemas, aconteça o que acontecer. Muitos desistem cedo demais. Pensam que o sucesso vem por conta própria. Se fossem mais comprometidos com suas metas e realizações, em vez de desistir assim que a situação fica difícil, logo veriam chegar os resultados positivos. Aqueles que superam tempos difíceis vão viver a vida que desejam.

RESILIÊNCIA

Ser resiliente é "quicar" – bater e voltar. Em minha opinião, a resiliência é um traço de caráter necessário a todos. Entenda uma coisa: nem tudo acontece conforme seus planos e nem todos com quem você tem contato estão dispostos a defender seus interesses como se fossem deles. Algumas pessoas não hesitariam em enganar e usar você para subir. O modo como você sai dessas situações demonstra sua capacidade de recuperação. Se as dificuldades o derrubarem, posso dizer, com certeza, que você jamais alcançará um nível mais alto de sucesso ou prosperidade. Procure desenvolver sua resiliência.

HUMILDADE

Seja humilde no sucesso. Não é porque sua vida vai bem que você vai contar vantagem e impor aos outros sua alegria. Não existe nada pior que isso; é uma atitude que só serve para afastar as pessoas. Prosperidade financeira é um meio de ajudar quem precisa. Assim, você estimula a própria humildade. Agir de maneira diferente seria ir contra tudo o que a generosidade e a prosperidade representam.

Muitos têm boas intenções em relação a seus sonhos, mas são poucos os que se comprometem com o que é necessário para transformá-los em realidade. Quanto de dedicação e compromisso você canaliza para a realização de seus desejos? Seu verdadeiro caráter se mostra quando as coisas não saem como você esperava. Os outros consideram você uma pessoa comprometida com as próprias metas e devotada a elas? Se a resposta for "sim", pode-se dizer que é líder do próprio sucesso, da própria vida e que vai alcançar a prosperidade que tanto deseja. (Widener, 2002)

Assim, como se pode ver, para alcançar um nível mais alto de prosperidade, não basta acordar um dia e dizer: "Vou tentar." Há muitos aspectos envolvidos; o seu caráter e o seu modo de agir estão entre os mais importantes elementos do processo.

Os traços de caráter que mencionei são os que ponho em ação em minha vida. Tenho certeza de que você vai lembrar outros. Se for o caso, aplique-os.

Talvez você precise trabalhar algumas áreas e, para isso, vai precisar de disciplina, o que não é tão fácil quanto parece. Pense bem. Ao usar de disciplina, já terá aplicado a sua vida alguns dos traços de caráter de que falei.

Como diz o autor Garry Zancanaro (2005):

É preciso disciplina para fazer as coisas que você deve fazer, quando não tem vontade. É preciso disciplina para seguir seus sonhos e ideias, apesar da indiferença ou das opiniões negativas de amigos e da família. É preciso disciplina para correr atrás dos sonhos, quando poderia estar relaxando com os amigos ou vendo televisão. É preciso disciplina para escolher e ler livros, para escutar CDs motivacionais, para aprender habilidades úteis ou para executar o treinamento que favorece o progresso a caminho da realização de suas metas.

Para levar uma vida próspera, você precisa de disciplina.

Algumas vezes, seu caráter e sua ética serão postos à prova. Foi assim comigo. Mas, se tiver certeza da correção de seus atos, mantenha-se firme. O caráter deve ser como concreto: sólido e inalterável. Nunca deixe que influenciem suas ideias ou seu modo de ser.

É isso aí. Caráter é mais que uma palavra da moda, usada a torto e a direito. Seu caráter forma a base de que falamos. O caráter faz você ser você.

CAPÍTULO 8

AÇÃO E ATITUDE

NESTE CAPÍTULO

- Ação ▪ Atitude ▪ Motivação

E assim chegamos quase ao fim deste livro. Por muito tempo, pensei no que deveria dizer aqui. Já abordei muitas áreas nos capítulos anteriores e queria apresentar neste algo que, além da utilidade prática, resumisse tudo o que você leu e, espero, aprendeu. Queria também ser direto e firme, na esperança de que, se você ainda estivesse em dúvida, se sentisse com vontade de ir à luta.

Afinal, decidi escrever sobre ação e atitude.

Talvez você esteja pensando: "Em que isso vai me ajudar a alcançar uma vida de prosperidade financeira?"

Minha resposta é muito simples. Se não compreendermos as atitudes que tomamos, seja no trabalho, no lazer ou na busca da liberdade financeira, será impossível fazer o que é preciso.

No primeiro capítulo, tratamos da diferença entre criação de riqueza e prosperidade financeira. Vamos voltar rapidamente ao assunto.

Lembre-se de que criação de riqueza é uma ação. Você tem de fazer alguma coisa para que se realize. Não adianta esperar e rezar sem trabalhar. Trabalho é ação, e é preciso muito trabalho e esforço para chegar a qualquer lugar.

Prosperidade é atitude. O modo como você trata a prosperidade está ligado a sua atitude. Se for egoísta, não vai chegar nem perto de uma vida próspera. Sua atitude em relação ao que leu neste livro pode ser um ótimo indicador do que você pensa.

Assim, ação e atitude são coisas distintas, mas devem estar unidas se você pretende progredir sob uma perspectiva financeira.

Primeiro, vamos tratar da ação.

AÇÃO

O filósofo grego Aristóteles disse: "Nós nos tornamos justos praticando ações justas, moderados praticando ações moderadas, corajosos praticando ações corajosas."

Se você pretende alcançar um nível de prosperidade financeira, vai ter de praticar ações prósperas. Querer uma posição financeira melhor nada significa sem as ações apropriadas para sustentar tal desejo.

Para alcançar as alturas que planejou, você vai precisar agir. Além disso, deve inspirar e encorajar outras pessoas, pois elas também fazem parte de sua jornada.

Não se deixe levar pela ideia de que precisa ter sido o primeiro da turma na escola para alcançar uma vida próspera e bem-sucedida.

O fato de carregar antes do nome mais graus do que um termômetro não garante ao indivíduo a capacidade de conseguir a prosperidade financeira antes de outro que tenha sido um fracasso nos estudos.

Continuo dizendo: a prosperidade não é para uns poucos escolhidos. Ela está aí para aqueles que agirem, correndo atrás do que desejam.

Aprenda com seus erros. Prepare-se para "ter uma inspiração". O nível de educação formal não indica o sucesso futuro. Convença-se disso, caso hesite em começar a jornada por duvidar do seu valor ou de sua inteligência.

Sem dar o primeiro passo, você não vai atingir meta alguma. Ainda que fale continuamente sobre o que pretende alcançar, estará apenas desperdiçando fôlego e um tempo valioso se não colocar ações por trás das palavras.

Como vimos no quarto capítulo, cometer erros é coisa normal. Durante sua jornada rumo à prosperidade, você vai errar uma ou mais vezes. É bom senso afirmar que seu desempenho pode não ser excelente ao fazer algo pela primeira vez. Não se preocupe, portanto. Não pense que deve esperar o "momento certo". Comece, e comece já. Entre em ação!

Outra questão que você precisa conhecer é a quantidade de pessoas que deixam o "conhecimento" impedi-las de agir.

Frequentemente, o que nos impede de tentar é, em última análise, a impressão de falta de conhecimento. E não deixe de reparar na palavra "impressão".

Dizemos coisas do tipo "não posso abrir uma empresa porque não concluí o ensino médio" ou "não sou inteligente o bastante para compreender as particularidades de minha vida financeira". Se você se puser constantemente para baixo, de acordo com uma antiga impressão, vai ficar lá para sempre, transformando assim a impressão em realidade. É muito comum confundirmos impressão e realidade.

Quando comecei no mundo dos negócios, trabalhei um bocado para aprender. Volta e meia, eu me pegava lembrando que não tinha sido um bom aluno. Mas estava determinado a não permitir que o passado infectasse meu potencial e meu futuro. Claro que eu gostaria de ter estudado mais. Gostaria de saber mais. No entanto sabia que não poderia mudar o que já havia acontecido. Tudo o que tinha a oferecer a mim mesmo era o resultado presente e minha experiência até aquele ponto.

Tudo se resume a sua maneira de ver as coisas. Algumas pessoas consideram os erros a voz do destino a dizer que elas não estão prontas para o sucesso. Eu vejo os erros como um guia a lembrar que nunca fui tão longe. Eles me fazem trabalhar para não repeti-los. E me levam além, em um caminho inexplorado.

Nós só sabemos o que sabemos. Assim, chega um momento em que precisamos descobrir o que nos falta saber e em que esse conhecimento pode ser útil para o cumprimento de nossas metas financeiras.

Até aqui, falamos de ação. Agora, vamos ver sua parceira, a atitude.

ATITUDE

Sua atitude determina se você vai ou não alcançar o nível de prosperidade e sucesso que deseja. Muitos subestimam a importância da atitude. É preciso dizer que nossa atitude se reflete em nossas ações e no modo como as executamos.

Todos gostaríamos de uma situação melhor: dinheiro, família, vida doméstica, emprego... Talvez você pense que tudo se resume à sorte – a estar no lugar certo, na hora certa ou mesmo a carregar a bagagem familiar adequada. Mas não é bem assim; para melhorar aquelas áreas da vida, você deve, em primeiro lugar, trabalhar sua atitude.

Se sua atitude diante da vida for acusar os outros por seus fracassos, pode crer que nunca vai alcançar o sucesso, pois não conseguirá enxergar as respostas e orientações certas. Sua programação será: enfocar os aspectos negativos e as desculpas pelos desacertos. Seria melhor canalizar tanto esforço e energia para uma postura mais positiva.

As atitudes configuram os resultados. Nada mais simples. As atitudes refletem as ideias que formam sua mentalidade, que dita as suas ações. Se você pensa que estou indo longe demais, pergunte-se por que duas pessoas com história de fracasso escolar podem chegar a desfechos tão diferentes – uma vivendo da ajuda do governo, criticando o sistema, o ensino deficiente ou os pais, pelo começo difícil de vida; e a outra considerando cada fracasso um recomeço e perseverando até alcançar um nível de sucesso satisfatório. Ambas tiveram oportunidades limitadas, mas uma aproveita a situação para inspirar-se, na tentativa de alcançar maiores alturas, e a outra a usa como desculpa.

Tudo se resume à atitude. Como já vimos em um dos capítulos anteriores, sua mentalidade faz você ser quem é e determina o tratamento que dá às situações que a vida lhe apresenta. Atitudes negativas, de amargura e acusações refletem-se na frustrante falta de resultados palpáveis.

Se você quer ter vida, metas e resultados positivos, por que não trabalha sua atitude em vez de fazer cursos e gastar milhões? É fácil analisar suas atitudes. Basta estudar a situação atual. É favorável ou desanimadora? Outra maneira de verificá-las é observar como agem ou reagem aqueles com quem você convive. As pessoas refletem as atitudes umas das outras, portanto são um espelho do que você é. Se agirem com rudeza e grosseria, podem estar fornecendo uma pista sobre como você age.

Você colhe o que planta. Em outras palavras: se as pessoas de quem você se cerca têm atitudes desagradáveis, verifique suas atitudes antes de qualquer comentário ou acusação ou, ainda, antes de concluir que o problema é delas. Um dia, o que você lança volta. Portanto certifique-se de lançar boas atitudes.

A atitude é como o volante do carro. Como motorista, você é responsável por ele. Com a atitude, é a mesma coisa. Você controla, guia e deve encontrar a direção certa. Lembre-se, porém: mantenha atenção constante. Não pense que, se ligar o piloto automático, as coisas vão correr maravilhosamente.

Se você não trabalhar constantemente suas atitudes em relação a dinheiro, prosperidade e todos os fatores mencionados neste livro, corre o risco de acabar em situação pior do que a atual.

Então, por que você faz o que faz? Qual é sua motivação?

Muita gente nunca se faz essas perguntas. São aquelas pessoas que seguem fazendo o que "sentem" ser certo, embora possam estar redondamente enganadas, tanto em raciocínio quanto em método. Somos criaturas de hábito. Assim, trabalho constantemente minhas abordagens para ter a certeza de não estar operando no piloto automático.

A atitude está ligada à diferença entre força de vontade e "força de desejo". Muitos possuem a força de desejo; sabem o que querem, mas falta-lhes força de vontade para completar a tarefa, transformando-a em realidade. Eu sei, você deve estar pensando que sabe o que quer, e muita gente sabe mesmo. As pessoas, em sua maioria, querem o que não têm ou não podem ter. Mas, quando a força de vontade entra em sintonia com os desejos, o processo fica um pouco mais simples.

Nem tudo na vida é fácil. Vai haver ocasiões em que determinação, resiliência e absoluta coragem serão necessárias. Claro que você quer a segurança financeira. Mas a presença ou ausência da vontade de fazer acontecer é o fator que separa os que realizam seus desejos dos que jogam a toalha.

Primeiro, você tem de querer o que quer. Tem de querer mudar os hábitos para alcançar um nível mais alto de sucesso financeiro. Você quer provocar impacto no mundo onde vive? Até que ponto quer isso? Trabalhe as áreas que o impedem de conseguir o que quer.

Mas com que força você quer? O que você se dispõe a fazer ou mudar para realizar seus desejos?

Para alcançar um nível financeiro melhor, vai ser preciso superar questões passadas. Foi o que tive de fazer quando abri minha primeira empresa, a Attitude Gear®. Não é nenhum segredo que me lancei no mundo dos negócios com apenas 1,25 dólar no banco. Vou falar rapidamente de minha jornada desde então.

Embora não me sentisse feliz com o 1,25 dólar de saldo, devo dizer que também não arrancava os cabelos em desespero. Para mim, iniciar um negócio próprio era um meio de mudar a situação em que me encontrava, alcançando uma posição financeira melhor. Parecia fácil. Olhe, eu não sabia do susto que ia levar.

Na verdade, nunca reclamei do trabalho necessário para melhorar minha posição financeira. Sabia que teria de trabalhar duro e estava preparado para isso. Só não estava preparado para o que fazer quando o dinheiro começasse a entrar. Pense nisso. Ali estava aquele sujeito – eu – com milhares de dólares nas mãos, quando apenas alguns meses antes tinha menos de 2 dólares. Se você pensa que isso não é problema, posso dizer que se engana redondamente.

Eu não tinha uma base financeira sólida. Então, logo que o dinheiro começou a entrar, pensei que poderia continuar para sempre fazendo o que fizera até aquele ponto. O passado invadiu meu presente. Com isso, quero dizer que, aos 25 anos, possuía apenas 1,25 dólar no banco por duas razões: não sabia lidar com dinheiro e nunca tinha entendido seu verdadeiro valor. Achava que dinheiro vem e vai. Mas, quando começou a vir em grande quantidade, tive de tomar uma decisão. E rápido.

Precisei decidir se iria operar em meu nível antigo, que tinha sido a base para atingir a marca de 1,25 dólar, ou trabalhar questões passadas, construindo fundações mais sólidas e seguindo adiante. Eu necessitava de uma motivação mais forte do que a situação na qual estava.

É muito bom você querer melhorar sua posição financeira. Mas já pensou nos aspectos que precisa trabalhar antes de sair em busca desse resultado? Muitos nunca fazem isso e talvez seja essa a razão pela qual entram em um círculo vicioso financeiro, jamais encontrando a saída que os aproximaria da realização de seus desejos.

Neste livro, vimos que prosperidade não é apenas algo que você quer. A boa notícia é que uma vida próspera significa mais do que a possibilidade de alcançar o que se pretende: é possível também ajudar outras pessoas ao longo do caminho. Sabendo disso, você não acha importante começar a trabalhar as áreas que atrapalham seu progresso?

Claro que pode ser um processo sofrido por algum tempo. Eu sofri quando tive de parar de gastar como estava acostumado. Mas, se não tivesse feito as mudanças necessárias, provavelmente minha conta ainda teria hoje o saldo de 1,25 dólar. Pode levar algum tempo, é verdade. No entanto é muito menos tempo do que seria preciso para recomeçar se comportamentos do passado continuassem a prejudicar os sucessos do presente.

Então, como manter em mente metas de longo prazo quando problemas de curto prazo incomodam? Procure enxergar além desses problemas. Olhe para eles com uma nova perspectiva e procure encontrar a solução.

MOTIVAÇÃO

O desejo é um motivador poderosíssimo, mas, surpreendentemente, nem todos somos motivados pelo que queremos. Alguns se motivam evitando o que não querem. (Martyn, 2004)

O que motiva você? O sucesso e a esperança de, um dia, alcançar algo "grande"? O medo do fracasso? É extremamente importante conhecer a força motivadora que existe por trás do que você faz. Muitos não percebem que sua motivação os afasta do que desejam. Sua preocupação e motivação é o que não querem. Por exemplo: fracassar; arriscar-se a perder dinheiro na tentativa de ganhar mais – a tal ponto que sua vida passa a girar em torno de evitar o que temem, e não de trabalhar para conseguir o que querem.

Comece por mudar o foco e a maneira de pensar. Motive-se pelas coisas que deseja, e não pelos obstáculos a sua realização. Tudo é uma questão de clareza. Como já vimos, quem tem clareza de foco consegue o que deseja. Indivíduos negativos, enquanto não perceberem o quanto sua negatividade atrapalha, obterão somente resultados negativos.

É isso aí. Quando você pegou este livro para ler, talvez esperasse aprender novas e eficientes maneiras de alcançar níveis mais altos de prosperidade financeira. Agora, você decide se descobriu ou não o segredo.

Qualquer um pode aprender a investir no mercado de ações ou em imóveis e, até mesmo, a ganhar mais dinheiro com os negócios. Mas, sem compreender os verdadeiros princípios que estão por trás de quem você é e do que faz com o dinheiro, provavelmente só o terá por um curto período.

Durante a preparação deste livro, conversei sobre seu conteúdo com muita gente – com pessoas que não chegaram aonde pretendem por uma perspectiva financeira e com outras que são líderes da própria vida, quando se trata de prosperidade e generosidade. Queria ter a certeza de apresentar aqui tudo o que é necessário para uma posição financeira melhor. Acho que o livro conseguiu isso. O último e maior segredo é: você vai ou não aplicar esses princípios?

Este foi um livro muito difícil de escrever pela variedade de assuntos. E eu não queria ser irritante nem enfadonho.

Desejo a todos os leitores que cresçam como pessoas, que melhorem as finanças, que desenvolvam a generosidade.

Meu único pedido é: utilizem os segredos e princípios que aprenderam e reconheçam a ajuda deles ao atingirem um nível mais alto de prosperidade. E mais: ajudem outros a fazerem o mesmo – e assim por diante.

Meus melhores votos em sua jornada rumo à prosperidade financeira, na busca da riqueza ou, como prefiro, na busca da prosperidade. Nunca deixem de procurar meios de empregar dinheiro, conhecimento e tempo para fazer outras pessoas felizes.

Capítulo 9

O PROJETO PROSPERITY FOR A PURPOSE: FORMANDO FUTUROS LÍDERES

NESTE CAPÍTULO

- Você pode fazer a diferença
- Como posso ajudar?

VOCÊ PODE FAZER A DIFERENÇA

Todos queremos sucesso e prosperidade, mas precisamos entender que também podemos fazer a diferença na vida dos outros.

Minha mulher e eu apoiamos pessoalmente o trabalho de Watoto Child Care Ministries, em Uganda, na África Oriental. Por isso, criei o ProjetoProsperity for a Purpose. Meu objetivo é envolver um número maior de pessoas para contribuir mais.

Hoje, Watoto representa um benefício na vida de mais de 1,4 mil órfãos, por meio de cuidados físicos, emocionais e educacionais oferecidos às crianças mais vulneráveis de Uganda – a próxima geração.

COMO POSSO AJUDAR?

Uganda sofreu o flagelo de uma guerra civil e uma epidemia mortal de AIDS. Essas calamidades fizeram aproximadamente 1,7 milhão de órfãos no país. Desses, 940 mil* crianças foram atiradas à orfandade por terem os pais morrido de AIDS. Com sua ajuda, Watoto pode proporcionar a todas elas alguma estabilidade e um futuro.

Como exatamente seu dinheiro vai ajudar e quanto você precisa doar? Peço que se comprometa a enviar um mínimo de 120 dólares por ano. Isso mesmo, apenas alguns centavos por dia. Se quiser doar mais, ótimo, mas eu quis facilitar para todos.

Com sua contribuição, vamos construir juntos casas e orfanatos para aquelas crianças. Minha meta é que o Prosperity for a Purpose construa, pelo menos, uma casa por mês para abrigar oito órfãos e uma mãe viúva.

Essas casas se destinam a dar abrigo às crianças mais necessitadas. São aceitas no programa crianças de 2 a 12 anos, que passam a fazer parte da família para o resto da vida. As casas possuem

* Estatística da UNAIDS.

três quartos, cozinha, sala e banheiro e são equipadas com eletricidade e água corrente. Quero construir casas que estejam além das expectativas.

Convido pessoalmente você a comprometer-se a doar um mínimo de 120 dólares por ano. Claro que pode doar mais ou enviar mensalmente uma quantia para apoiar essa causa nobre e urgente. Se quiser aderir, entre no site www.prosperityforapurpose.com.

Prosperity for a Purpose
PO Box 6741
Baulkham Hills
NSW 2153

Obrigado,
Justin Herald

REFERÊNCIAS

BURKHOST, S. Advance your enthusiasm and determination for success. Disponível em: <www.in-motivational.com/article/advance-your-enthusiasm-and-determination-93927.html>. Acesso em: 27 mar. 2007.

CARTMILL, P. Achieving your great aspirations. Disponível em: <www.archives.zinester.com/44459/74251.html>. Acesso em: 27 mar. 2007.

CHOLETTE, C. The power of desire. Disponível em: <www.dubelu.com/articles/Fashion-and-Beauty/Attraction/The-Power-Of-Desire-Part-1-By-Carl-Cholette.php>. Acesso em: 27 mar. 2007.

DUNBAR, C. Goal setting tools for persistence and determination. Disponível em: <www.eazigoal.com/goal-setting-tools-for-persistence-and-determination.html>. Acesso em: 27 mar. 2007.

MARTYN, K. Want power before willpower. Disponível em: <www.ezinearticles.com/?Want-Power-Before-Will-Power&id=899>. Acesso em: 27 mar. 2007.

OTHNEIL, A. Some steps for overcoming financial adversity? Disponível em: <www.members.rediff.com/aocc/38-finadv.htm>. Acesso em: 27 mar. 2007.

OWEN, N. The magic of metaphor: 77 stories for teachers, trainers and thinkers. Bancyfelin: Inglaterra. Crown House Publishing, 2001.

SMITH, J. Taking action now: 9 key strategies. Disponível em: <www.motivationtips.co.uk/taking-action-now-9-a799.html>. Acesso em: 27 mar. 2007.

TAN, S. Unlocking human potential. Disponível em: <www.ezinearticles.com/?expert=Shei_Tan>. Acesso em: 27 mar. 2007.

WIDENER, C. Character traits of extraordinary leaders. Disponível em: <www.madeforsuccess.com/ArticleDetail.asp?topic_id=2&art_id=109>. Acesso em: 27 mar. 2007.

WIDENER, C. True success is generous. Disponível em: <www.madeforsuccess.com/ArticleDetail.asp?art_id=101>. Acesso em: 27 mar. 2007.

YEH, S. Mental, emotional and physical prosperity. Disponível em: <www.amazines.com/article_detail.cfm?articleid=57366&title=Mental%2C%CEmotional%2Cand%2CPhysical%2CProsperity>. Acesso em: 27 mar. 2007.

ZANCANARO, G. Discipline is essential for self improvement. Disponível em: <www.ezinearticles.com/?id=9736>. Acesso em: 27 mar. 2007.